Georgia Witkin

Wenn Kinder überfordert sind

- ⊙ Kindspezifische Stressfaktoren und Reaktionen
- ⊙ Kinderängste erkennen und verstehen
- ⊙ Der Ratgeber für Eltern, Lehrer und Erzieher

südwest

INHALT

»Das ist ungerecht!«

»Könnt ihr das verstehen?«

»Schon wieder falsch!«

»Endlich erwischt!«

»Die Schmusedecke muss mit!«

»Ohne mich!«

VORWORT

Eltern halten die Kindheit gern für sicher und stressfrei. Sie stellen sich Jungen und Mädchen vor, die spielen oder sicher im Bettchen liegen, und denken, es gehe ihnen rundum gut.

Vielleicht war es so, als Sie noch klein waren, aber das ist vorbei. Eine Kindheit ist heutzutage in hohem Maße stressbeladen, wie ich bei der Umfrage »Stress bei Kindern«, die für dieses Buch durchgeführt wurde, herausfand. Bei dieser Umfrage wurden ausdrücklich die Kinder selbst gebeten, über Dinge zu sprechen, die sie belasten. Ich interviewte auch ihre Eltern und verglich die Antworten miteinander.

Manche der Unterschiede zwischen den Aussagen, die Eltern bei ihren Kindern vermuteten, und den tatsächlichen Angaben der Kinder sind überraschend und schockierend – aber stets erhellend und informativ. Wir müssen uns solche Unterschiede bewusst machen, sonst kümmern wir uns um die falschen Probleme und übersehen diejenigen, um die wir uns kümmern sollten. Wir werden uns wegen unwichtiger oder gar unzutreffender Dinge schuldig fühlen und Gelegenheiten verpassen, unseren Kindern Hilfe zur Selbsthilfe zu vermitteln.

Ein Teil des Drucks ergibt sich aus den Anforderungen unserer hoch technisierten, in hohem Maße verdichteten Lebensweise, die Kinder dazu zwingt, in immer jüngerem Alter mit echten Belastungen zurechtzukommen.

Außerdem leben wir in einem Zeitalter, in dem es darum geht, immer mehr zu erreichen, so dass erfolgs- und zielorientierte Eltern immer stärkeren Druck auf ihre Kinder ausüben, »es zu schaffen«. Sie treiben ihre Kinder an, ständig mehr zu bewältigen, als sie müssten. Diese Eltern stopfen die Freizeit der Kinder voll, weil sich das im Lebenslauf gut macht und ihnen einen Platz an den besten Schulen und die besten Arbeitsplätze sichert.

Auch die Welt selbst ist in Unordnung. Denken Sie an all die Belastungen, an die wir als Kinder noch nicht denken mussten: AIDS, die tödliche Erkrankung, bewaffnete Überfälle, Umweltverschmutzung, die globale Erwärmung usw. Die Liste ließe sich beliebig fortsetzen. All diese Dinge bewirken, dass die Welt für Kinder voller Stress ist.

Hilfe für gestresste Eltern

Die Untersuchung von Kindern und Stress führte ich aus mindestens zwei Blickwinkeln durch. Der eine ist natürlich der eines Elternteils. Meine Tochter ist heute Rechtsanwältin und heiratete, als ich die Arbeiten an diesem Buch gerade abschloss. Der andere Blickwinkel ist der einer Forscherin, deren Arbeitsinhalte sich um Stress drehen.

Sowohl aus der Sicht eines Elternteils als auch beruflich war es für mich sehr aufschlussreich, dass der bedeutendste Stressfaktor für Frauen stets die Sorge um ihre Kinder war. Meine Forschung und die Untersuchungen anderer haben gezeigt, dass ihr Leben eine Störung erfährt, wenn ihr Kind überfordert ist, d. h. wenn es krank ist oder Schwierigkeiten in der Schule bzw. in seinem sozialen Umfeld hat. Sie selbst zeigen dann die körperlichen und emotionalen Symptome von Stress: Sie sind die ganze Nacht wach, machen sich Sorgen, werden krank, ihre Arbeit leidet. Und der Stress beeinträchtigt ihre Beziehungen zu den Menschen um sie herum: zu ihrem Partner, zu den Eltern und zu engen Freunden, ja sogar zu ihren Kollegen.

Oft ist es Aufgabe der Mutter, etwas wieder in Ordnung zu bringen, das ihre Kinder unter Druck setzt. Vielleicht reagiert sie darauf mit Fragen wie »Was habe ich falsch gemacht?«, »Was habe ich getan, dass so etwas geschieht?« oder: »Was kann ich tun, damit es wieder aufhört?«

Wir reagieren so, weil wir für einen Menschen sorgen und uns Gedanken um ihn machen. Ist nicht letztlich dies die Bedeutung von Fürsorge? Obwohl zu den Erstversorgenden auch viele Väter zählen, ist wesentlich häufiger eine Mutter in dieser

Rolle. Wir wurden dazu erzogen; wir genießen die Früchte der Mühsal der Fürsorge, und unsere Hilflosigkeit bei dem Versuch, das Leiden unseres Kindes zu lindern, regt uns auf. Das Gefühl der Machtlosigkeit stresst uns lediglich selbst. Während ich das Problem entnervter Frauen untersuchte, wurde deutlich, dass ich mich zunächst mit Kindheitsstress befassen musste. Ich musste Müttern helfen zu verstehen, was ihre Kinder unter Druck setzt und bis zu welchem Grad diese Stressfaktoren nicht von ihnen verursacht werden. Ich musste ferner Richtlinien dafür anbieten, wie Eltern und vor allem Mütter ihren Kindern helfen können, sich selbst zu helfen. Und eben darum geht es in diesem Buch.

So helfen Sie Ihrem Kind
Machen Sie sich klar, dass Kinder in ihrem Leben Stress haben – und manchmal eine ganze Menge. Das ist natürlich und normal. Wir als Eltern sollten dies daher nicht verleugnen. Auch sollten wir uns keine Vorwürfe wegen der Probleme machen, die unsere Kinder vielleicht haben könnten, denn von Zeit zu Zeit gestresst zu sein ist Teil des menschlichen Lebens. Wir als Eltern können dies nicht »wegmachen«. Außerdem sollten Sie nicht davon ausgehen, dass dasjenige, was Sie stresst, auch Ihr Kind stressen wird oder dass Ihre Strategie, mit Überforderungen zurechtzukommen, auch bei Ihrem Kind funktioniert. Wenn Sie so wollen, sind wir alle unterschiedlich »programmiert«, und Erwachsene unterscheiden sich in Bezug auf Stress ganz erheblich von Kindern.
Was Sie allerdings tun können ist, von nun an die Zeichen zu erkennen, die darauf hinweisen, dass Ihr Kind unter Versagensängsten leidet. Was Sie ferner tun können ist, die nonverbalen und verbalen Botschaften wahrzunehmen, die Kinder zu senden versuchen, um uns wissen zu lassen, dass sie mit einer schwierigen Situation nicht fertig werden. Jedes Kind mag Ihnen dies auf seine eigene Weise mitteilen, der Grundtenor ist jedoch derselbe.

Achten Sie darauf, was Ihr Kind normalerweise tut, wenn es versucht, mit Stress zurechtzukommen. Das ist wichtig, denn Kinder verfügen zusätzlich zu ihren individuellen Fähigkeiten noch über ganz eigene Systeme des Stressmanagements. Manche nutzen ihre Vorstellungskraft, um dem Chaos zu entkommen, andere »tun, als ob«, um für Kommendes zu üben, vor dem sie sich fürchten. Manche reagieren ihre Wut oder Angst lautstark ab, andere werden still, um eine schlechte Nachricht zu verdauen. Wieder andere lassen sich durch Musik, Bewegung oder ihre Mutter besänftigen, und manche scheinen sich im Schlaf zu erholen.

Helfen Sie durch Humor, Mitgefühl, einfache Logik und Perspektive, das Dilemma auf ein kindgerechtes Maß zu reduzieren. Damit meine ich: Verkleinern Sie es von einer unübersehbaren Zwangslage zu einer Aufgabe, die sich schaffen lässt, und Sie werden Ihr Kind damit zwei unschätzbare Dinge lehren. Erstens: Auch wenn manche Menschen, Dinge oder Ereignisse bei ihm – und bei vielen von uns – Stress auslösen, gibt es Wege, um dessen Auswirkungen auf Körper und Seele abzuschwächen. Zweitens: Das Kind bedarf nicht immer Ihrer Person, um seine Probleme zu lösen.

Wie gehen Sie selbst mit Stress um?

Und noch etwas können Sie tun: Seien Sie ein Vorbild. Wie so oft im Elterndasein dient auch Ihr eigener Umgang mit Situationen als Verhaltensmuster, dem Ihre Kinder folgen können. Versuchen Sie nicht zu verbergen, dass auch Sie bisweilen Versagensängste haben. Stress nicht wahrzunehmen und nicht darauf zu reagieren wäre unnormal. Zeigen Sie Ihren Kindern vielmehr, dass Sie wissen, wie man damit zurechtkommt. Ihre Kinder werden Sie hoffentlich dabei beobachten, wie Sie sich von einem nervösen und ungeduldigen Elternteil in eine umgänglichere Person verwandeln, und daraus schließen, dass Stress in der Tat ein Teil des Lebens ist, dass es aber auch Instrumente gibt, die ihnen helfen, damit umzugehen.

NUR NOCH STRESS UND SORGEN!

Woran liegt's?

Kinder berichten

Seite 8–33

„„ Kinder und Jugendliche
können heute fast im gleichen
Ausmaß wie Erwachsene die
Vorteile einer reichen
Wohlfahrtsgesellschaft genießen,
aber sie tragen ganz
offensichtlich auch zunehmend die
psychosozialen »Kosten« der
modernen Lebensweise. „„

Klaus Hurrelmann

Woran liegt's?

Stehen Ihre Kinder unter Stress? Wissen Sie, wie groß der Stress Ihrer Kinder ist? Kennen Sie seine Ursachen und Symptome? Wissen Sie, wie viel von diesem Stress auf Ihren Einfluss zurückzuführen ist? Wie viel tragen Gleichaltrige und die Spielgefährten dazu bei? Ist die Schule eine Belastung für Ihr Kind? Wissen Sie, was Kinder tun können, um sich im Umgang mit Sorgen selbst zu helfen? Ist Ihnen klar, was Sie tun können, um ihnen zu helfen?

Vielleicht glauben Sie, die Antworten auf diese Fragen zu kennen – schließlich kennt niemand Ihr Kind besser als Sie selbst. Und nicht nur das, Sie selbst waren auch einmal Kind, und nun lesen Sie all die Zeitschriften- und Zeitungsartikel und sehen Fernsehsendungen über Stress. Aber was wissen wir Erwachsenen eigentlich wirklich über die Sorgen von Kindern? Nicht so viel, wie wir meinen! Eltern unterschätzen nämlich, wie viel Sorgen sich Kinder machen. Sie unterschätzen auch, wie einsam sich viele Kinder fühlen, das Maß an Schlaflosigkeit überforderter Kinder, wie oft sich Kinder davor fürchten, mit ihnen zu sprechen. Sie unterschätzen einerseits den schulischen Druck und überschätzen andererseits den Druck, der von Gleichaltrigen ausgeht. Eltern wissen auch oft nicht, dass die Ängste von Kindern real sind und dass die Traurigkeit eines Kindes häufig einen altruistischen Hintergrund hat.

Was Eltern vermuten

Woher ich das alles weiß? Aus der Umfrage »Stress bei Kindern«! Bei dieser Umfrage wurden ausdrücklich die Kinder selbst gebeten, über Dinge zu sprechen, die sie belasten. Keine frühere Studie, Umfrage oder Analyse, die sich mit Stress in der Kindheit befasst, hatte sich bis dahin an die kenntnisreichsten und nächstliegenden Experten auf diesem Gebiet gewandt, an die Kinder. In der Studie, auf der dieses Buch beruht, geschah jedoch genau dies. Ich nutzte die neue Computertechnologie und befragte per E-Mail rund 800 Kinder im Alter von neun bis zwölf Jahren und die Eltern zu ihrem Stress. Dies ist das Ergebnis der Unterschiede zwischen den Aussagen, die Eltern bei ihren Kindern vermuten, und den tatsächlichen Angaben der Kinder.

Eines, was ich bei der Umfrage herausfand, war der große Unterschied zwischen den Vorstellungen von Sorgen bei Kindern und der Wirklichkeit. Obwohl ich selbst Mutter bin, hat mich vieles, was die Kinder über ihre Stressoren berichteten, sehr überrascht. Lassen Sie uns zunächst die Dinge betrachten, von denen Eltern glauben, dass sie ihre Kinder belasten. Um die Diskrepanz zwischen unseren Annahmen und der Wirklichkeit der Kinder zu verdeutlichen, empfehle ich Ihnen, die Fragen für Eltern zu Beginn des Buches zu beantworten, bevor Sie weiterlesen, und Ihren Kindern die am Ende des Buches vorzulegen. Vergleichen Sie dann die Antworten.

Kindliche Sorgen nach Ansicht der Eltern

Der Umfrage zufolge glauben die meisten Eltern, dass ihre Kinder sich zwar Sorgen machen, aber doch »nicht so sehr«. Sie meinen, dass Druck innerhalb ihrer Altersgruppe die bedeutendste Quelle für Stress darstellt und dass Kindern Erfolg in der Schule weniger wichtig ist als Beliebtheit bei den Freunden oder Zuneigung. Auch die Furcht vor Strafe, wenn sie etwas angestellt haben, sei Kindern weniger wichtig als Beliebtheit oder Zuneigung. Eltern meinen, dass Kinder sich um die Gesundheit ihrer Eltern keine Gedanken machen und dass Bauchschmerzen das häufigste körperliche Stresssymptom sind. An zweiter Stelle stehen Kopfschmerzen. Das häufigste verhaltensabhängige Stresssymptom ist ihrer Meinung nach Streit mit einem Geschwister oder Weinen. Eine Annahme ist auch, dass sie ihren Kindern bei dem, was sie tun, ein gewisses Mitspracherecht einräumen und dass sich ihre Kinder normalerweise nicht davor fürchten, ihnen etwas zu erzählen oder sie etwas zu fragen.

Übrigens waren die Antworten und Vorhersagen einer Kontrollgruppe von Eltern, die nicht über E-Mail verfügten, denen der per Computer befragten Eltern sehr ähnlich. In einem Punkt wichen sie jedoch voneinander ab: Die per Computer befragten Eltern gaben an, die wichtigste Quelle für Überforderungen sei der Druck von Gleichaltrigen, während die Kontrollgruppe angab, dass Kinder sich mehr Gedanken über das Abschneiden in der Schule, über ein Versagen oder den Beginn von etwas Neuem machen. Die Kontrollgruppe kam der Wahrheit näher. Vielleicht wird in Familien, die nicht über einen Computer verfügen, mehr miteinander gesprochen.

Rückzugsbedürfnisse können, müssen aber kein Zeichen für Kummer sein.

Wenn Sie diese Ergebnisse mit Ihren eigenen Antworten verglichen und festgestellt haben, dass sie ähnlich ausgefallen sind, so teilen Sie unter Umständen die Ansicht der meisten Eltern über die Versagensängste ihrer Kinder. Wir halten diejenigen körperlichen Stresssymptome für die häufigsten, über die wir auch am meisten hören (Bauch- und Kopfschmerzen), und als die häufigsten verhaltensabhängigen Symptome gelten für uns diejenigen, die wir auch am häufigsten sehen (streiten oder weinen). Wir meinen, die größten Sorgen eines Kindes hätten etwas mit dem Druck unter Gleichaltrigen zu tun und nicht mit der Schule oder unserem eigenen Wohlbefinden, weil Kinder für gewöhnlich über ihre Freunde und ihr sich veränderndes soziales Umfeld sprechen und nicht über die Schule oder unser eigenes Wohlbefinden. Wir glauben, Kinder hätten so etwas wie Kontrolle über ihren eigenen Lebensalltag und fühlten keine Hemmungen, mit uns zu sprechen, weil wir selbst uns wünschen, sie würden sich so fühlen. Alles verständlich – alles falsch.

Kinder berichten

Den Kindern zufolge, die an der Umfrage teilnahmen, ist Kindheit nicht sorgenfrei. Sie kann es nicht sein, weil jede Veränderung, selbst zum Guten, mit Aufregungen verbunden und das Leben eines jungen Menschen voller Veränderungen ist. Die Kinder in der Umfrage berichten über folgende Veränderungen: Fast drei Viertel aller Kinder geben an, dass ihnen schon einmal ein Haustier gestorben ist. Die Hälfte aller Kinder hat mindestens einmal die Schule gewechselt, darüber hinaus sind fast genauso viele Kinder in eine andere Stadt gezogen. 45 Prozent erlebten die Geburt eines Bruders oder einer Schwester, 35 Prozent geben an, sich finanzieller Sorgen der Familie bewusst zu sein. Fast ein Viertel aller Kinder haben geschiedene Eltern, 18 Prozent mindestens einen schwer kranken Elternteil, und zwölf Prozent haben es mit einem Stiefvater oder einer Stiefmutter zu tun.

Was Kinder denken

Die Kinder selbst sprechen natürlich nicht über »Veränderung«. Ihre Antworten im Verlauf der Umfrage zeigen uns jedoch, dass sie einige Sorgen haben, die wir nicht vermuten. Es folgt eine vollständige Wiedergabe dieser Antworten. Vergleichen Sie sie mit denen Ihrer Kinder und mit Ihren eigenen.

Frage 1: Machst du dir jemals Sorgen?

Kinder beantworteten diese Frage mit einem deutlichen Ja, und nur insgesamt 14 Prozent der befragten Kinder sagten »selten« oder »nie«. Die Übrigen, d. h. rund 85 Prozent, gaben an, dass sie sich allerdings Sorgen machen, und 31 Prozent sagten, sie würden sich eine Menge Sorgen machen.

Nur 21 Prozent der Eltern vermuteten, dass Kinder sich eine Menge Sorgen machen. Die meisten dachten, die Mehrzahl der Kinder würde angeben, manchmal besorgt zu sein, und im Allgemeinen lagen sie richtig. Beinahe eines von drei Kindern sagt jedoch, sich häufiger als nur manchmal Sorgen zu machen, und das sind zehn Prozent mehr, als die Eltern vermutet hatten.

Frage 2: Um was geht es, wenn du dir Sorgen machst?
Denken Sie daran, dass die Eltern angenommen hatten, Kinder würden sich mehr Gedanken darüber machen, dass ihre Freunde sie nicht mögen und dass sich andere Kinder über sie lustig machen – mit anderen Worten, Gedanken über den durch Gleichaltrige ausgeübten Druck. Bei der Betrachtung der Antworten fand sich jedoch, dass dieser nicht an erster Stelle ihrer Liste stand. Kinder stuften ihre Belastungen wie folgt ein:
1. *Schulstress.* Eltern mögen überrascht, ja sogar begeistert sein, dass schulische Sorgen die Aufstellung der Kinder anführen. Denjenigen, für die die Schule stressig ist, bereiten Noten die größte Sorge, gefolgt von Klassenarbeiten, Hausarbeiten und Fehlzeiten.
2. *Familiäre Sorgen.* Hier kommt noch eine Überraschung für Eltern. Druck unter Gleichaltrigen und entsprechende Sorgen stehen nicht einmal an zweiter Stelle der Rangliste der Kinder. Hier stehen Sorgen um die Familie und um die Gesundheit der Eltern. Vielleicht sind sie in den meisten Fällen nicht realistisch. Kinder sind noch nicht alt genug, um eine tiefere Einsicht in das Wohlbefinden ihrer Eltern zu haben. Es handelt sich auch nicht um eine beschützende Liebe. Kinder bedürfen selbst zu sehr des Schutzes, um ihrerseits Schutz anbieten zu können. Vermutlich rühren ihre Sorgen eher aus kindlichen Selbstschutzimpulsen her. Sie möchten, dass es uns gut geht, damit wir uns gut um sie kümmern können.
3. *Druck unter Gleichaltrigen.* Schläger, Banden, flüchtige Freunde, Hänseleien, informelle Initiationen und Verhaltenskodizes – Eltern dachten vielleicht, der Druck unter Gleichaltrigen würde die Stressliste der Kinder anführen, weil ihre eigenen Erinnerungen an diese Belastungen noch so lebendig sind. Wir sind jedoch in einer Zeit der Großfamilie und mit weniger

Spätnachrichten aufgewachsen, und unsere größte Sorge bestand vielleicht wirklich nur darin, ob wir von unseren Freunden akzeptiert wurden. Diesen Luxus genießen Kinder heutzutage unter Umständen nicht mehr. Das bedeutet jedoch nicht, dass es Druck unter Gleichaltrigen nicht gibt. Tatsächlich lagen die prozentualen Werte hier fast ebenso hoch wie diejenigen für die Sorge um die Familie.

4. *Die Welt.* Werden Kinder durch Nachrichten und Berichte über Umweltverschmutzung, globale Erwärmung, Viruspandemien und Fleisch fressende Bakterien geängstigt? Sind es Actionfilme über Sprengstoffattentate durch Terroristen, nukleare Unfälle oder bakteriologische Kriegführung? Sind es Warnungen vor Zecken an ihren tierischen Spielgefährten, Kinderpornografie und Verführer im Internet oder gar der Sonnenschein auf dem Schulhof? Denken sie über diese Probleme nach, oder ist all dies nur wie ein Hintergrundrauschen für sie?

Kinder machen sich über die Welt viel, viel mehr Gedanken und Sorgen, als die Eltern denken. Nur etwa zehn Prozent der Eltern vermuteten, dass ihre Kinder sich durch Umweltverschmutzung und Angst vor Kriegen gestresst fühlen; rund 40 Prozent sagten voraus, Kriminalität würde ihren Kindern mehr Sorgen bereiten. Unserer Umfrage zufolge machen sich Kinder in Wirklichkeit fast viermal mehr Sorgen um sauberes Wasser, saubere Luft und Atomkriege als um Kriminalität!

5. *Die Zukunft und alles.* Als Nächstes folgen zwei Kategorien kindlichen Kummers, die die Eltern nicht vorhergesehen haben: Angst vor der Zukunft und Angst vor »allem«, wie es einer der Befragten kurz und bündig ausdrückte. Obwohl ein Jahr für Kinder unter acht Jahren noch ein sehr vager Begriff ist und einem trinkenden und rauchenden Zwölfjährigen zehn Jahre wie eine Ewigkeit vorkommen, macht vielen von ihnen (22 Prozent) die Zukunft Angst. Nebenbei gesagt sind viele ihrer Zukunftsängste in Wirklichkeit aktuelle Sorgen und Nöte, die zu mächtig sind, um damit zurechtzukommen, mit anderen

Worten: Ihre Gegenwart zwingt sie, über ihre Zukunft nachzudenken.

Und dann gibt es da noch die Kinder, deren Umgang mit aktu-
ellen Problemen nicht dazu führt, dass sie ihn in die Zukunft
projizieren, sondern dass sie ihn generalisieren. Statt einzelne
Probleme aufzuführen, sagen sie, alles würde sie überfordern
(16 Prozent). Sie argumentieren, es sei weniger unangenehm,
von allem gestresst zu sein, als durch Hausarbeiten oder die Eltern. Es beendet auch jede echte Diskussion über Stress.

6. *Fehlender Stress.* Vielleicht die größte Überraschung für Eltern sind die Dinge, die auf der Liste der Stressfaktoren der Kinder fehlen: Angst vor Strafe, Verletzungen oder Krankheiten.
Fast 45 Prozent der Eltern gaben an, Kinder hätten ihrer Ansicht nach Angst vor Strafe; 28 Prozent der Eltern dachten, die
Angst vor Verletzungen würde ihr Kind belasten, und 15 Prozent meinten, Kinder würden sich Sorgen machen, krank zu

Der Wunsch nach Sorgenfreiheit

Erstauffällige Konsumenten harter Drogen

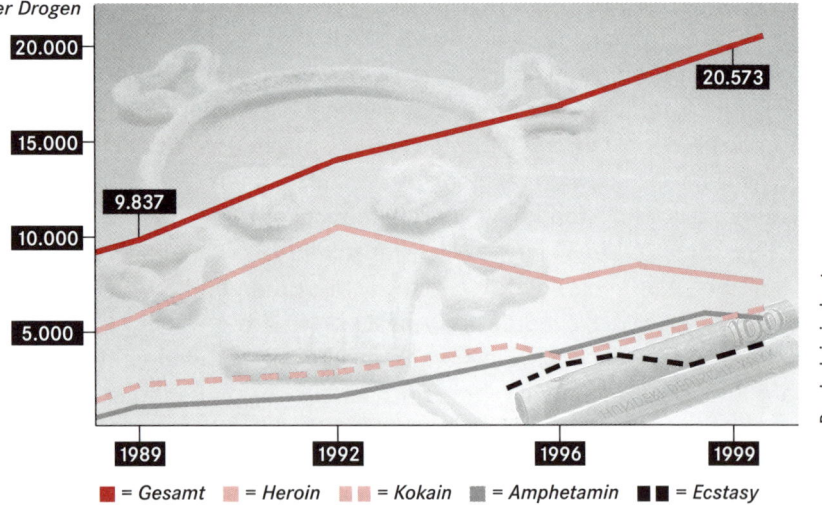

20.000

20.573

15.000

9.837

10.000

5.000

1989   1992   1996   1999

Bundeskriminalamt

■ = Gesamt   ■ = Heroin   ■ ■ = Kokain   ■ = Amphetamin   ■ ■ = Ecstasy

Um mehr als das Doppelte ist seit 1989 die Zahl derer gestiegen, die zum
ersten Mal zur Droge greifen. Dabei handelt es sich in erster Linie um
Jugendliche, die sich »zudröhnen« wollen. Eine Folge von zu hohem Stress?

werden. Zu jedem dieser Punkte gab es jedoch nur wenige Nennungen auf der Liste der Kinder. Diese fühlen sich vielleicht in viel stärkerem Umfang unbesiegbar, als Eltern annehmen! *7. Was? Ich mir Sorgen machen?* Eine interessante Fußnote: Ein paar Eltern (drei Prozent) vermuteten, dass Kinder sich überhaupt keine Sorgen um was auch immer machen. Ob dies nun aus Optimismus, zärtlichen Erinnerungen an die eigene Kindheit, Naivität, Wunschdenken oder Herablassung geschah, es war falsch. Nicht ein einziges Kind gab diese Antwort in eigenen Worten. Selbst wenn zwei Prozent der Kinder bei der Frage »Machst du dir jemals Sorgen?« »Nie« ankreuzten, nannte doch jedes Kind mindestens einen Stressfaktor, als es darum ging, die Kästchen zu Frage 2 auszufüllen.

Frage 3: Hast du irgendwelche körperlichen Reaktionen, wenn du dir Sorgen machst oder nervös bist?
Ohne Worte, um ihrem Stress Ausdruck zu verleihen, zeigen Kinder ihn oft mit ihrem Körper. Ist ein Kind überwältigt oder überfordert, so schmerzt ihm der Kopf in dem Bemühen, seine Gedanken zu ordnen. Findet es eine Situation zum Kotzen, so kann im wahrsten Sinne des Wortes auch sein Magen oder Darm entsprechend reagieren. Und ist das Leben zum Alptraum geworden, können Alpträume auch das Stresssymptom sein.
Eltern sind sich durchaus bewusst, dass sowohl Bauchschmerzen als auch Kopfschmerzen, Schlaflosigkeit und Krankheitsgefühl beim Kind auf Probleme hinweisen können. Ausgenommen bei Schlaflosigkeit neigen einige Eltern sogar dazu, ein paar dieser Symptome zu häufig festzustellen.

Frage 4: Tust du die folgenden Dinge?
Obwohl Eltern das sichtbare Stressverhalten ihrer Kinder, wie rasches Weinen, Nägelkauen, Probleme in der Schule, Rivalität unter Geschwistern und Krankheitsgefühl, im Griff zu haben scheinen, sind sie sich der Kraft, die dieser Stress kostet, d. h.

der nicht sichtbaren Symptome, offenbar nicht bewusst. Nun ist das Denken ebenso ein Verhalten wie das Laufen, Springen oder Sprechen und ebenso leicht stressanfällig. Im Gegensatz zu den körperlichen Verhaltensweisen lässt sich mit Sorgen belastetes Denken jedoch nicht erkennen. Es ist mit bloßem Auge auch für den aufmerksamen Beobachter nicht immer offensichtlich. Die Antworten der Kinder in der Umfrage sagen uns mehr über die wichtigsten ihrer verborgenen Symptome. Die meisten von ihnen möchten alleine sein, wenn sie sich Sorgen machen oder Angst haben, aber nur einer von drei Elternteilen weiß dies oder hält es für zutreffend. 50 Prozent aller Kinder haben unter Stress Tagträume, aber nur 25 Prozent der Eltern wissen darum oder halten dies für wahrscheinlich. Fast 50 Prozent der Kinder berichten über Schlafstörungen, aber nur 35 Prozent der Eltern vermuten dies.

Was wir sehen, ist offensichtlich nicht immer, was wir dann auch bekommen. Wir mögen es für Bockigkeit oder Schüchternheit halten, während sich das Kind lediglich aufgrund von Überforderungen zurückzieht. Wir glauben, eine mangelnde Motivation oder Lernstörungen zu erkennen, während die Kinder sich lediglich dem Stress entziehen, indem sie tagträumen. Wir glauben, ein verwöhntes Kind vor uns zu haben, das nicht zu Bett gehen möchte, oder ein unsicheres Kind, das uns die ganze Nacht über ruft, während es vielleicht unter Schlaflosigkeit oder Alpträumen, zwei Warnsignalen für Stress, leidet.

Frage 5: Hast du Alpträume?

Alpträume stehen an der Spitze der Liste kindlicher Stresssymptome. Eltern nennen als eigene Beobachtungen am häufigsten die Bauchschmerzen ihrer Kinder, gefolgt von Kopfschmerzen, während über 65 Prozent der Kinder sagen, sie hätten zumindest hin und wieder Alpträume, und acht Prozent berichten, sie hätten häufig Alpträume. Somit haben etwa 75 Prozent der Kinder zumindest manchmal Alpträume, während nur 35 Prozent der Eltern angeben, darüber Bescheid zu wissen. Warum übersehen Eltern diese Zeichen? Sicherlich nicht aus mangelnder Sorgfalt – es ist wahrscheinlich eher eine Frage des Zeitpunktes: Alpträume treten mit größter Wahrscheinlichkeit in den frühen Morgenstunden auf, wenn die Eltern nicht zur Verfügung stehen. Oft schaffen es die Kinder selbst, mit dem bösen Traum zurechtzukommen, denn beim Erwachen ist das Zimmer hell, und sie werden durch die beginnenden Aktivitäten des Tages abgelenkt.

Frage 6: Wie viel Einfluss hast du auf die Dinge, die du tust?
Auf diese Frage hatten die Kinder folgende Antwortmöglichkeiten:
> Ich kann wählen.
> Ich habe einen gewissen Einfluss.
> Ich habe nicht viel zu sagen.
> Ich habe in diesen Dingen gar nichts zu sagen.

Fast 30 Prozent der Kinder gaben an, wählen zu können. Das bedeutet, etwa eines von drei Kindern glaubt, Kontrolle auszuüben über Dinge wie den Zeitpunkt des Zubettgehens, was es isst und wie es den Tag zubringt. Die überwältigende Mehrheit der Eltern stimmt dem jedoch nicht zu: 75 Prozent der befragten Eltern gaben an, ihre Kinder hätten vielleicht einen gewissen Einfluss, aber keine freie Wahl. In gleicher Weise äußerten sich 89 Prozent der Eltern in der Kontrollgruppe.

Sagen diese Kinder nun, sie fühlten sich als Herr über ihren Alltag, nur deshalb, weil die Eltern sie so geschickt lenken, dass sie sich nicht kontrolliert fühlen? Eine nette, aber unwahrscheinliche Vorstellung, weil es immer noch eine ganze Reihe unerfreulicher Dinge gibt, die Kinder ihren Aussagen nach tun müssen, wie »den Käfig des Haustieres sauber machen«, »um 7.30 Uhr aufstehen«, »Hausarbeit machen« und »Klassenarbeiten schreiben«.

Der Grund, warum so viele Kinder glauben, ihr Leben in der Hand zu haben, liegt wahrscheinlich eher darin, dass so viele

Eltern nach der Schule nicht zu Hause sind. Dabei handelt es sich nicht um pflichtvergessene, sondern lediglich um beschäftigte Eltern, die lange arbeiten, um die Familie zu ernähren. Das ist keine Entschuldigung, mögen Sie denken, unsere Urgroßeltern waren genauso beschäftigt. Richtig – aber damals, werden Soziologen und Historiker einwenden, arbeiteten viele Kinder im Familienbetrieb mit oder erledigten Hausarbeiten und nahmen Reparaturen im häuslichen Bereich vor. Wenn sie spielten, so geschah dies gewöhnlich unter der Aufsicht einer Großfamilie oder einer Gemeinschaft von Nachbarn. Man kannte einander und war mit den Angelegenheiten der anderen vertraut. Man kannte auch die Kinder der anderen. Weniger unstrukturierte Zeit und eine stärkere Präsenz der Erwachsenen tat den Kindern möglicherweise gut, denn es ist ideal für sie, innerhalb einer Routine oder eines Zeitplans Auswahlmöglichkeiten zu haben. Ein paar Strategien, wie sich dies in der heutigen Zeit umsetzen lässt, werden im Kapitel »Kindspezifische Stressfaktoren« (Seite 142) besprochen.

Folgen chronischer Überlastung

Kolitis ulcerosa

Magengeschwüre

Reizdarmsyndrom

Hyperventilation

Asthma

Rheumatoide Arthritis

Allergien

Hautreaktionen

Frage 7: Fürchtest du dich davor, deinen Eltern etwas zu erzählen oder sie etwas zu fragen?

Kinder sagen Dinge wie: »Deine Mutter bringt dich um, wenn sie das rausfindet.« Oder »Du bist fertig, wenn dein Vater das hört.« Aber fürchten sich Kinder deshalb wirklich vor ihren Eltern? Manche tun es, und manche sollten es tun. In einer Studie stellte sich heraus, dass 63 Prozent amerikanischer Kinder Opfer verbaler Aggressionen ihrer Eltern sind, und das Justizministerium schätzt, dass 2,8 Millionen Kinder in den USA körperlich misshandelt oder vernachlässigt werden und dass immerhin ein Drittel der Fälle von Kindesmisshandlung unerkannt bleibt bzw. nicht gemeldet wird. Es ist darüber hinaus beängstigend, dass Kindesmisshandlung über alle Grenzen des Alters, der Rasse und der sozialen Schicht hinweg vorkommt. Die Frage zielte jedoch nicht darauf ab, einen Fall von Misshandlung aufzudecken. Sie galt dem Stress, den ein Kind unter Umständen im normalen Alltag verspürt, wenn es seine Eltern etwas Aufregendes fragen oder ihnen etwas erzählen muss. Die Antworten deuten auf einen traurigen und beängstigenden Sachverhalt hin. Obwohl nur drei Prozent der Eltern vorhersagten, dass ihre Kinder stets Angst davor hätten, ihnen etwas zu erzählen oder sie etwas zu fragen, machten unglaubliche 15 Prozent der Kinder diese Angabe. Ich las Bemerkungen wie: »Mein Stiefvater brüllt.« »Mein Vater tut mir weh.« »Ich mache meine Eltern wütend.«

Trotz ständigen Mahnens von Experten, es könne das Risiko von Drogenmissbrauch, der Mitgliedschaft in Banden und Sekten sowie unsicherer Sexualpraktiken senken helfen, wenn man Kindern das Gefühl vermittele, sie könnten mit ihren Eltern über alles sprechen, sagten überraschend wenige Kinder und Eltern, dass die Kommunikation stets offen sei. Weniger als eines von zehn Kindern hatte den Eindruck einer offenen Kommunikation, und weniger als einer von zehn Elternteilen erwartet mehr.

Frage 8: Die Kinder wurden gebeten, eine Reihe von Sätzen zu vervollständigen

Wenn Kinder ihren Eltern alles erzählen würden, was bekämen wir wohl zu hören? Online und anonym vervollständigten Kinder eine ganze Reihe offener Fragen nach ihren Gefühlen. Sie schrieben über das, was sie verärgert und traurig macht, was sie ängstigt, was ihnen an einem Bruder bzw. einer Schwester gefällt bzw. was sie stört, sowie über Dinge, von denen sie sich wünschen, sie nicht tun zu müssen. Beginnen wir mit der Wut.

»Ich werde wütend, wenn ...«

Folgende Dinge machen Kinder ihren Angaben und dieser Reihenfolge nach wütend: Ungleichheit, Ungerechtigkeit und menschliche Grausamkeit; Verhaltensweisen der Geschwister; unloyale und verletzende Freunde; diktatorische Eltern.

Wenn Kinder von Wut auf ihre Eltern sprachen, dann vor allem deshalb, weil sie angeschrien wurden und die Eltern diktatorisch auftraten, während das Kind dieses Verhalten für eine Überreaktion hielt. Hier zwei Beispiele dafür, wie sie den Satz »Ich werde wütend, wenn ...« zu Ende führten:

»... mein Vater ohne Grund anfängt zu schreien und so.«

»... meine Mutter einen Anfall kriegt und ihre Wut an mir auslässt, obwohl es überhaupt nicht meine Schuld ist.«

Noch mehr Kinder waren wütend auf Geschwister, hauptsächlich, weil diese brutal zu ihnen sind, mit ihnen streiten, gemein sind und ihnen ihre Sachen wegnehmen – in dieser Reihenfolge. Übrigens wurde über Brüder mehr geklagt als über Schwestern. Die Kinder schrieben:

»... mein Bruder mich schlägt.«

»... mein Bruder ohne meine Erlaubnis in mein Zimmer geht.«

»... meine Schwester mich verpetzt oder wenn ich eine schlechte Note bekomme.«

Viele Kinder sagen, sie seien wütend über das Verhalten von Freunden und anderen Kindern, und unloyale Handlungen führen die Liste an, beispielsweise:

»... Kinder mich wegen meiner Größe beleidigen.«

»... ich in Schwierigkeiten gerate, auf mir herumgehackt wird und ich herumgestoßen, ausgeschlossen, veralbert oder gehänselt werde.«

Zu den größten Überraschungen unter den Ergebnissen der Umfrage gehörte jedoch die Tatsache, dass sich die meiste Wut der Kinder gegen Ungleichheit, Ungerechtigkeit und menschliche Grausamkeit oder Schwäche richtet und nicht von persönlichen oder unbedeutenden Klagen ausging. Die Antworten zeigen uns, dass unsere Kinder Überschriften und Nachrichten aufnehmen, dass sie tatsächlich hören und sehen, was um sie herum geschieht, und sich gewiss eine Menge Gedanken darüber machen. Wut über mangelnde Sensibilität und urteilende Einstellungen führen ihre Liste an:

»... Menschen sich über andere oder ältere Menschen lustig machen.«

»... Menschen ihre eigene Lebensweise und die anderer von Furcht und Hass leiten lassen.«

»... Menschen andere nach ihrem Erscheinungsbild beurteilen.«

Mehr als jede andere Generation zuvor werden unsere Kinder mit Bildern und Berichten über lokale, nationale oder internationale menschliche Katastrophen bombardiert. Wir können darauf achten, was sie im Fernsehen sehen, aussuchen, welche Zeitschriften und Zeitungen ins Haus kommen, und wir können alle Nachrichten besprechen, die sie aus dem Gleichgewicht bringen könnten. Aber ich glaube, wir müssen mehr tun als das. Wir müssen das Gute in unserem Leben und hinter den Nachrichten und Berichten finden, um auch darüber zu sprechen.

Erinnern Sie Ihre Kinder daran, dass es zerstörerischer ist und mehr Angst auslöst, wenn sie sich gegenüber den Dingen, die sie wütend machen, hilflos fühlen, als wenn sie nur wütend sind. Helfen Sie ihnen, anderen zu helfen, und Sie helfen ihnen, sich selbst zu helfen.

»Ich werde traurig, wenn ...«

Auch dieser Punkt der Umfrage brachte eine Überraschung, nämlich die Quellen kindlicher Trauer. Die Eltern vermuteten, ihre Kinder würden sich am meisten darüber aufregen, wenn Freunde sie nicht mögen, andere Kinder sich über sie lustig machen, wenn sie bestraft werden oder etwas nicht schaffen. Die Antworten der Kinder, die erheblich von diesen Vermutungen abwichen, zwingen uns zum Überdenken einiger grundlegender Annahmen über kindliche Emotionen. Die befragten

Kinder trauerten weniger aufgrund persönlicher oder sozialer Rückschläge als vielmehr wegen des Verlusts geliebter Personen oder anlässlich des Schmerzes anderer. Mit anderen Worten: Die Ereignisse und Verluste, die Erwachsene traurig machen, wirken sich in gleicher Weise auch auf Kinder aus. Die Antworten der Kinder sind umso aufschlussreicher, wenn Sie berücksichtigen, dass die Mehrzahl der Befragten gerade mal neun bis zwölf Jahre alt und der Durchschnitt sogar noch etwas jünger war.

Der Umfrage zufolge macht Tod die Kinder am traurigsten, vor allem, wenn es sich um eine geliebte Person oder um ein Haustier handelt. Ihre Trauer ist nicht oberflächlich; Kinder spüren den Verlust und tragen die Trauer, die ein Todesfall mit sich bringt, tatsächlich. Es wäre falsch, diese echte seelische Trauer etwa durch eine beruhigende Plattitüde wie »Oma ist jetzt im Himmel« zu widerlegen oder herabzusetzen, beiseite zu wischen oder in irgendeiner Weise zu diskreditieren. Haben Kinder erst einmal ein Alter von acht oder neun Jahren erreicht, ist es unwahrscheinlich, dass sie einen Verstorbenen vergessen.

Verlust ist auch Gegenstand der zweithäufigsten Antwort. Kinder sind nach ihren Worten traurig, wenn jemand, den sie mögen, wegzieht oder sie verlässt.

Hier sind die typischen Reaktionen auf den Satz »Ich werde traurig, wenn ...«:

»... meine Schwester in ihre Schule geht.«

»... meine Eltern ohne mich auf Spazierfahrt gehen.«

»... ein Freund wegzieht.«

Die zweithäufigste Ursache für Trauer bei Kindern liegt nicht in Problemen mit Gleichaltrigen, wie die Eltern vermuteten, sondern es handelt sich dabei um Probleme der Eltern selbst. Kinder sagen uns, sie seien traurig und haben Angst, wenn die Eltern häufig miteinander streiten oder einander auf die Nerven zu gehen scheinen. Als Ergänzungen zu dem Satz »Ich werde traurig, wenn ...« ergaben sich folgende Feststellungen:

»... mein Vater sich aus irgendeinem Grund aufregt.«

»... meine Mutter und mein Stiefvater miteinander streiten.«

»... ich daran denke, dass meine Eltern getrennt leben und geschieden sind.«

Kinder sind gestresst, wenn ihre Eltern »etwas Hässliches im Blick haben«, wie es ein Kind ausdrückte. Außerdem dann, wenn ...

»... mich meine Mutter ignoriert, um Zeit mit ihrem neuen Ehemann verbringen zu können.«

»... meine Eltern ohne jeden Grund sagen, sie würden meinen Hund verkaufen.«

»... mein Vater nur so aus Spaß meine Katzen schlägt.«

Kinder sind auch traurig, wenn sie meinen, dass ihre Eltern traurig sind, und zwar wenn ...

»... ich meine Mutter enttäusche.«

»... mein Vater deprimiert aussieht.«

In der gleichen Weise machen sie sich auch um den Rest der Familie Gedanken, und zwar wenn ...

»... sich andere über meine Schwester lustig machen, weil sie bestimmte Dinge nicht tun kann.« (Gemeint ist Apraxie.)

»... ich an meine kranke Oma denke.«

Diese Fähigkeit zur Empathie wird noch deutlicher, wenn Kinder nicht über ihre Eltern oder Familienangehörige sprechen. Ihre Trauer und Sorgen reichen oft weit über ihre unmittelbaren Probleme und über das hinaus, was wir von so jungen Kindern erwarten, z. B.: »Ich werde traurig, wenn ...«

»... Menschen anderen wehtun.«

»... ich obdachlose Kinder oder kranke Tiere sehe.«

Selbst wenn Kinder sehr persönliche Gründe für ihre Trauer angeben, so sind diese selten trivial, auf sie selbst bezogen oder egoistisch, sondern viel eher nachdenklich oder herzzerreißend. Die Kinder sagten: »Ich werde traurig, wenn ...«

»... ich in einen Spiegel schaue.«

»... niemand mit mir spielen will.«

»... andere sich über mich lustig machen.«

»Ich bekomme Angst, wenn ...«
Was könnte – zumindest nach Ansicht der Eltern – einem Kind mehr Angst einflößen, als allein zu Haus oder im Dunkeln zu sein, einen Film, der ihm Angst macht, anzuschauen oder eine der üblichen angstauslösenden Situationen zu erleben? In der Umfrage erzählen uns Kinder, dass das Verhalten der Eltern mehr Angst macht. Und das macht erst richtig Angst! Wenn ihre Eltern sich streiten, wütend werden oder emotional oder körperlich die Kontrolle über sich verlieren, berichten Kinder über den stärksten Stress, z. B. wenn ...
»... sich meine Familie viel streitet und dabei laut wird.«
»... meine Mutter betrunken Auto fährt.«
Die in ihrer Intensität nächstfolgende angstvolle Erfahrung ist nach Aussagen der Kinder das Alleinsein. Denken Sie an die zwei Millionen Kinder, die jeden Tag nach der Schule in ein leeres Zuhause kommen, und an die vielen anderen, die nachts mit Babysittern allein gelassen werden, die kaum älter sind als sie selbst. »Ich bekomme Angst«, schrieben die Kinder, »wenn ...«
»... ich allein zu Hause bin und Geräusche höre.«
»... ich nachts allein umhergehe.«
»... ich der Welt eines Tages allein gegenübertreten muss.«
Wenn Sie Ihr Kind wegen beruflicher oder auch anderer Verpflichtungen leider allein zu Hause lassen müssen, und in dieser Situation sind heutzutage immer mehr Eltern, so werfen Sie einen Blick in das Kapitel »Kindspezifische Stressfaktoren« (Seite 142).
Wenn Sie sich fragen, wie stark Grusel- und Horrorfilme oder Fernsehnachrichten auf diese Kinder wirken, so ist die Antwort eindeutig: Sie haben eine ganz erhebliche Wirkung, und zwar aus zwei Gründen. Zum einen haben Kinder eine angeborene Angst vor lauten Geräuschen und Dunkelheit, den Hauptbestandteilen solcher angstauslösenden Sendungen. Diese Ängste gehen gewöhnlich erst im Alter von sieben bis acht Jahren zurück. Dies ist das Alter, in dem sie sich mehr davor fürchten,

dass ihre Freunde sie einen Angsthasen nennen, als vor den Filmen selbst, so dass sie sich darin üben und es ihnen gelingt, die Angst zu unterdrücken. Der zweite Grund liegt darin, dass Kinder das Unwirkliche eines Films oder einer Fernsehshow zwar vielleicht intellektuell, aber nicht emotional erkennen. Die erfundenen Bilder werden im Gehirn neben den Bildern aus dem wirklichen Leben gespeichert und kommen mitten in der Nacht hoch, wenn seltsame Geräusche und Umrisse einer Erklärung bedürfen.

Im Folgenden werden die Aussagen einiger Kinder aus der Umfrage wiedergegeben, die den Satz vervollständigen sollten: »Ich bekomme Angst, wenn …«

»… ich nachts allein bin.«

»… ich bei offener Tür oder offenem Fenster Horrorfilme sehe.«

»… Geisterjäger oder Killer im Fernsehen kommen.«

> **Anzeichen für Überforderungen**
>
> Häufige Erkältungen
>
> Verschlechterung chronischer körperlicher Krankheiten
>
> Verspannte Muskulatur im Nacken und am Kopf
>
> Mundtrockenheit
>
> Schwitzen in der Hohlhand
>
> Schwierigkeiten mit dem Aufwachen
>
> Zu viel oder zu wenig Hunger

In späteren Kapiteln werden wir genau betrachten, was Kindern Angst macht und wie sich feststellen lässt, ob sie für »Jurassic Park« schon bereit sind.

Abgesehen von der Angst vor Dingen, die nachts »umhergeistern«, sind die Ängste von Kindern überraschend realistisch. Manche Kinder fürchten sich vor Tieren, viele vor Naturkatastrophen und einige vor Gewalt. Nur in einer von 1000 Antworten wurden Außerirdische erwähnt. Unter den Ängsten, die auf dem wirklichen Leben beruhen, vervollständigten Kinder den Satz »Ich bekomme Angst, wenn …« mit:

»… ich Schüsse höre.«

»… mein Vater zur Arbeit geht, weil er Polizist ist und ich mir Sorgen mache.«

»… Sirenen losgehen.«

Es ist nicht Aufgabe der Eltern, alle diese Ängste aufzulösen, vor allem wenn man bedenkt, dass wir viele Probleme aus dem wirklichen Leben nicht beseitigen können, selbst wenn wir es wollten. Nebenbei gesagt könnte ein gewisses Maß an Angst einem Kind sogar helfen, in der heutigen Welt zu überleben. Wir können jedoch dafür sorgen, dass Kinder von diesen Ängsten nicht überwältigt werden.

»Meine Eltern werden böse auf mich, wenn ...«
Ein Grund dafür, dass Kinder ihren Eltern weniger über ihre Belastungen erzählen, als die Eltern selbst vermuteten, mag darin liegen, dass die Belastungen oft von den Eltern selbst ausgehen. Ist Ihnen in den Antworten der Kinder eigentlich aufgefallen, dass die Kinder u. a. meist den Zorn der Eltern als Grund für Gefühle von Wut, Trauer und Angst angeben? Wir fragten Kinder, warum ihre Eltern böse auf sie werden und waren überrascht, als wir feststellten, dass sie nicht der Ansicht sind, es sei wegen unaufgeräumter Zimmer und unerledigter Hausaufgaben. Vielmehr scheinen Kinder zu spüren, dass ein Mangel an Respekt und Gewissenhaftigkeit ihre Eltern erheblich mehr aufregt. Dies zeigt, dass wir Kindern in aller Regel nicht genug Bewusstheit zugestehen. Auf die Bitte, den Satz »Meine Eltern werden böse, wenn ...« zu vervollständigen, gaben Kinder folgende Antworten:
»... ich Sachen wegnehme.«
»... ich lüge.«
»... ich ungehorsam bin.«
»... ich etwas Böses tue oder schreie oder respektlos bin.«
»... ich widerspreche.«
»... ich etwas nicht ernsthaft genug versuche, während sie denken, ich könnte es noch viel besser.«
»... ich etwas wirklich sehr, sehr Schlechtes tue.«
»... ich meinen Kopf durchsetzen will.«
»... ich etwas tue, von dem sie wissen, dass ich auch weiß, es ist falsch.«

Unabhängig von Alter und Geschlecht und unabhängig davon, ob sie per Computer befragt wurden oder nicht, stimmten Kinder darin überein, dass ihre Eltern böse werden, wenn sie, die Kinder, sich mit ihren Geschwistern streiten. Als nächste Punkte auf der Liste der Dinge, die ihre Eltern wütend machen, nennen die Kinder Schule, Hausaufgaben, Noten und die Berichte der Lehrer.

Der fast wörtlich am meisten wiederholte Satz der Kinder lautet jedoch: »Meine Eltern werden böse auf mich, wenn ich nicht auf sie höre.« Sagen die Eltern, das Kind sei negativ, widerspenstig, dumm, zerstreut, respektlos, dickköpfig, unabhängig, passiv-aggressiv oder einfach nur ungehorsam? Je nach Kind und Situation könnte jede dieser Bezeichnungen greifen. Es scheint jedoch, als wüssten sowohl die Kinder als auch die Eltern ganz genau, was der Satz jeweils bedeutet.

Schließlich wissen wir alle, dass bestimmte rebellische Verhaltensweisen Teil des ständigen Dramas zwischen Eltern und Kind sein können, jedoch können Eltern zumindest einen gewissen Trost in der Erkenntnis finden, dass diese Verhaltensweisen doch ziemlich universell sind. Manche Bemerkungen von Kindern in der Pubertät gegenüber Autoritätspersonen, die zu »Feinden« geworden sind, hören sich fast an wie herausfordernde Prahlereien und lassen vermuten, dass Kinder sehr genau wissen, wie sie unsere empfindlichen Punkte treffen können. Hier einige Beispiele zu der Aussage »Meine Eltern werden böse auf mich, wenn ...«:

»... ich zu viel trinke.«

»... ich spät nach Hause komme, herumdiskutiere, mit der Polizei aneinander gerate, Probleme in der Schule bekomme, über die Lehrer fluche, bei meinem Freund bleibe, heimlich weggehe – und jede Menge andere Sachen.«

»... ich ein neues Piercing machen lasse, das Haar wieder einmal anders färbe oder meine Noten schlechter werden.«

»... ich mich weigere zu baden.«

»... ich zu Hause mit Sachen um mich werfe.«

»Ich wünschte, ich müsste nicht ...«
Neben der Frage nach Dingen, von denen die Kinder annehmen, dass ihre Eltern nicht wünschen, dass sie sie tun, wurde in der Umfrage auch danach gefragt, was sie lieber nicht tun würden. Obwohl Kinder bei dieser Frage typischerweise kein Hehl aus ihren Antworten machen, ist es dennoch informativ zu sehen, welche Antworten am häufigsten gegeben wurden. Nach der Häufigkeit der Antworten geordnet, würden sie am liebsten nicht ...

... zur Schule gehen und/oder Hausaufgaben machen,
... Hausarbeit machen (ihr Zimmer sauber machen, das Bett machen, abwaschen),
... sich mit Geschwistern beschäftigen (ein gemeinsames Zimmer teilen, babysitten).
Obwohl diese Aufstellung bereits 80 Prozent aller Antworten umfasst, zeigen uns die übrigen 20 Prozent, wie sehr sich kleine Kinder gestresst fühlen können und wie frustrierend es für sie sein muss, in einer Welt zu leben, in der sie oft spüren, keine Kontrolle zu haben. Sie sagten: »Ich wünschte, ich müsste nicht ...«
»... noch mal auf eine Beerdigung gehen.«
»... dieses Leben weiterleben.«
»... meine Mutter Tag für Tag arbeiten und kämpfen sehen. Ich wünschte, wir hätten Geld.«
»... in die Streitereien meiner Eltern hineingezogen werden.«
»... in solch einer versauten Welt voller habgieriger Menschen und toter Tiere sein.«
»... mit rassistischen, bigotten Weißen leben.«
»... zwischen dem einen oder dem anderen Elternteil wählen.«
»... mit der Gewalt von Kindern in meiner Klasse zurechtkommen.«
»... Sorge darum haben, dass wir Pleite gehen und zwischen Pappkartons auf der Straße leben.«
»... ein christliches Kind in einer unchristlichen Welt sein.«

»Das Beste/Schlechteste an einem Bruder/einer Schwester ...«
Und was ist schließlich mit den »Wonneproppen«, um die Ihre
ersten Kinder gebettelt haben, mit Brüderchen und Schwesterchen? Sie dachten vielleicht, Ihre Kinder würden zusammen
spielen und einander in späteren Jahren unterstützen. Zwar
hatten Sie von Rivalität zwischen Geschwistern gehört, waren
jedoch nicht auf ihre alltäglichen Erscheinungsformen vorbereitet: das Mit-dem-Finger-auf-
einander-Zeigen, das Kneifen und
Schubsen, der Wettstreit des
»Warum darf er/sie – und ich
nicht?« und die schieren Folterun-
gen, die sie einander antun. Ich
war erstaunt, wie oft die Antworten der Kinder auf den zu vervoll-
ständigenden Satz »Ich werde
böse, wenn ...« mit »... mein Bruder« oder »... meine Schwester«
begannen.

»Geteiltes Leid ist halbes Leid« – bei
Geschwistern oft mit ganz neuer Auslegung.

Um mehr darüber herauszufinden, fragten wir Kinder, was für
sie das Beste bzw. das Schlechteste daran sei, einen Bruder
bzw. eine Schwester zu haben. Die Übereinstimmung zwischen den Antworten war bei beiden Fragen enorm. Viermal
häufiger als alles andere wurde das scheinbar endlose Streiten
als das Schlechteste an einem Bruder bzw. einer Schwester genannt. Dicht dahinter folgte die Klage über Verletzungen der
Privatsphäre durch den Bruder bzw. die Schwester. Eine andere
häufig vorgebrachte Beschwerde war, dass die Geschwister die
befragten Kinder oft in Schwierigkeiten mit den Eltern bräch-
ten. Manche Kinder hatten jeweils individuelle Klagen, etwa
dass die Aufmerksamkeit der Eltern geteilt sei oder dass sie sich
die Zuneigung ihrer Eltern teilen oder babysitten müssten.

Es gibt aber auch Gutes zu berichten. Auch wenn Ihre Kinder
es Ihnen nie oder erst nach Ihrer Pensionierung sagen, uns ha-

ben sie es gesagt. »Das Beste an einem Bruder/einer Schwester ist, ...« wurde am häufigsten mit »... jemanden zum Spielen zu haben« beantwortet. Kinder gingen jedoch weit darüber hinaus, ihren Bruder bzw. ihre Schwester lediglich als persönlichen Begleiter oder als Annehmlichkeit zu betrachten. Obwohl einige wenige Kinder nur ein schwaches Lob aussprachen oder bissige Bemerkungen wie »... jemanden zum Herumschubsen zu haben« machten, erkannte eine weit größere Zahl der Kinder die bedeutende innere, emotionale Rolle, die ein Bruder bzw. eine Schwester spielen kann.

»... jemanden um sich zu haben, der weiß, wie ich mich manchmal fühle.«

»... dass sie auf dich achten und für dich einstehen.«

»... für immer einen guten Freund zu haben.«

»...dass ich sie etwas fragen und ihnen etwas anvertrauen kann, womit ich nicht zu meinen Eltern gehen kann.«

»... jede Menge Liebe.«

Bei all diesen positiven Dingen – auch wenn sie im Verborgenen liegen – können Geschwister einander helfen, mit Überforderungen zurechtzukommen. Es ist eine schwierige Kunst, aber es ist möglich. Auch für Eltern mit nur einem Kind habe ich gute Nachrichten: Es zeigt sich, dass sie weder sozial noch emotional gefährdet sind, wie dies unsere Großeltern und vielleicht auch Sie noch glaubten.

Die Wahrheit entlastet

Sie sehen, wenn Kinder unter Stress geraten, liegen die Dinge nicht so, wie Sie dachten. Tatsächlich war für mich als Mitarbeiterin in der Redaktion für Gesundheitsfragen eines Fernsehsenders das Phänomen, dass die interessantesten Geschichten auf neuem Datenmaterial beruhen, das lang gehegten und geschätzten Ansichten völlig zuwiderläuft, ganz gleich, ob es dabei um die Gesundheit von Menschen, die Erwartungen an Mann und Frau, ihre Werte und Verhaltensweisen oder eben um das Großziehen von Kindern geht, mit ein Grund, mich mit

Kinderstress intensiv zu befassen. So waren die Publikumsreaktionen auf einen Bericht über Schüchternheit sensationell. In dem Bericht wurde verdeutlicht, dass Schüchternheit nicht immer eine »psychische Beeinträchtigung« ist, die durch überfordernde Eltern oder ein unsicheres Kind entsteht, sondern dass es sich um eine angeborene Prädisposition handelt, die schon wenige Wochen nach der Geburt feststellbar ist. Es kamen eine Menge Anrufe erleichterter Eltern, die sich bis dahin Sorgen gemacht hatten, überbeschützend, überkritisch, über... gewesen zu sein. Es kamen aber auch Anrufe von Erwachsenen, die als schüchtern eingestuft worden waren und ein Leben lang unter dem Gedanken gelitten hatten, mit ihnen sei etwas nicht in Ordnung. Das Gleiche geschah nach einem Bericht darüber, dass Einzelkinder nicht benachteiligt sind. In Wirklichkeit sind sie oft beliebter und erfolgreicher als Kinder mit Geschwistern. Menschen haben mich auf der Straße angehalten, um mir zu sagen, sie hätten seit Jahren die Last des »Einzelkindsyndroms« getragen, fühlten sich nun jedoch davon befreit.

Was geschah hier? Ich erkannte, dass wir unser Leben leben und unsere Kinder großziehen und uns dabei auf Mythen, falsche Vorstellungen und unrichtige Annahmen stützen, die einer genauen Überprüfung jedoch noch würden standhalten müssten. Es bedurfte einer langen und eingehenden Betrachtung sowohl positiver als auch negativer Stereotype und der Trennung von Fakten und Fiktion, sowohl zum Nutzen unserer Kinder als auch zu unserem eigenen Vorteil.

Dies gilt besonders, wenn es um Probleme und Ängste geht.

Es mag uns schwer fallen, Glaubenssätze über das Großziehen von Kindern fallen zu lassen, sich von Artikeln, die wir gelesen, und Berichten, die wir gehört haben, zu lösen und alte Märchen und Überlieferungen zum Thema »Elternschaft« beiseite zu legen. Es mag sogar schwer fallen, uns von unmittelbaren Annahmen über unsere Kinder zu trennen. Um eben dies bitte ich Sie jedoch: Ihre Glaubenssätze außer Kraft zu setzen und bereit zu sein, ein neues Konzept von Elternschaft zu akzeptieren.

DER KÖRPER SCHLÄGT ALARM

Die Kampf-oder-Flucht-Reaktion

Stress und das Immunsystem

Veranlagung und Erziehung

Stressanzeichen bei Kindern

„ Der Körper lügt nie.
Seine Spannkraft,
seine Hautfärbung, seine Haltung,
seine Proportionen,
seine Bewegungen,
seine Spannungszustände und
seine Vitalität drücken den
Menschen aus, der in ihm steckt. "

RON KURTZ

Die Kampf-oder-Flucht-Reaktion

Ob Kind oder Erwachsener, Mann oder Frau – wir alle verfügen über eine angeborene lebensrettende Fähigkeit, die als Kampf-oder-Flucht-Reaktion bezeichnet wird. Sie dient dazu, uns auf den Umgang mit und die Reaktion auf Veränderungen vorzubereiten – auf jede Art von Veränderungen, ob gute oder schlechte. Ein Gewinn im Lotto, und Ihr Herz schlägt vielleicht rascher – aber auch wenn Sie mit beiden Füßen auf die Bremse steigen, um einen Zusammenstoß mit einem anderen Auto zu verhindern, wird Ihr Herzschlag Spitzenwerte erreichen. Setzen Sie Ihrem Kind eine doppelte Portion seiner Lieblingseiscreme vor, und sein Herzschlag wird wahrscheinlich sprunghaft ansteigen. In der gleichen Weise wird sein Körper reagieren, wenn Sie mit ihm schimpfen, weil es mit wasserfestem Stift seine Initialen auf die Wohnzimmertapete gemalt hat.

Die Kampf-oder-Flucht-Reaktion kann von etwas Subtilem, wie dem Zusteigen in einen überfüllten Aufzug, oder von etwas Offensichtlichem, wie einem Geräusch in der Nacht, ausgelöst werden. Unser Herz schlägt schneller, die Pupillen weiten sich, die Handflächen werden feucht, und die Wangen röten sich. In der Brust oder im Kopf spürt man ein Hämmern.

Der Körper im Alarmzustand

In den dreißiger Jahren bezeichnete der österreichische Endokrinologe Hans Selye diesen Effekt als »eine unspezifische Reaktion des Körpers auf jede Art von Anforderung« oder als allgemeines Anpassungssyndrom. Diese angeborene Fähigkeit wird auch als Stressreaktion oder, wie bereits erwähnt, als Kampf-oder-Flucht-Reaktion bezeichnet. Sie heißt so, weil uns dieser innere Mechanismus in weit zurückliegender Zeit, als die Menschen noch in Höhlen und nicht in Wohnblocks lebten, dabei half, in Gang zu kommen, um uns mit Räubern zu beschäftigen, die uns über den Weg liefen. Oder sie befähigte uns, mit dem Unbekannten zurechtzukommen, das uns beim Jagen und Sammeln begegnete – und in jenen Tagen wie auch heute gab und gibt es eine Menge Räuber und viel Unbekanntes. In Sekundenbruchteilen standen wir vor der Wahl, stehen zu bleiben und gegen den Säbelzahntiger (oder was auch immer) zu kämpfen oder Fersengeld zu geben und um unser Leben zu rennen. Da jede Reaktion Furcht auslöste, benötigten wir plötzlich alle uns zu Gebote stehende körperliche Kraft und geistige Wachheit.

Unter solchem Druck kommt das System des Kämpfens oder Flüchtens plus der Furcht in Gang und stimuliert die chemischen, körperlichen und seelischen Kräfte in uns so weit, dass wir gerüstet sind. Wir werden in einen dreifachen Alarmzustand versetzt. Stress! Stress! Stress!

Augenblicklich werden das Endokrinium und das Nervensystem unseres Körpers aktiviert, und auf drei Wegen des Nervensystems werden Stresssignale ausgesandt. Sie laufen vom Gehirn durch die motorischen Nerven zu unseren Armen, Beinen und Muskeln entlang des Skeletts. Vermutlich werden wir unsere Gliedmaßen benötigen, um den Feind abzuwehren oder um unser Leben zu laufen. Die Stresssignale laufen vom Gehirn auch zum vegetativen Nervensystem, das den Blutdruck, die Herzfrequenz und den Blutzuckerspiegel erhöht. Es setzt außerdem eine Reserve an roten Blutkörperchen frei, die Sauerstoff zu den Muskeln transportieren. Die Verbindung von Blutzucker und Sauerstoff hilft den Muskeln, mit höchster Effizienz zu arbeiten. Ferner verlangsamen diese Signale auch unseren Verdauungsprozess, da Essen das Letzte ist, an das wir – von einem wilden Tier verfolgt – denken würden. Schließlich ziehen Stresssignale auch vom Gehirn in das Innere jener Drüse, die Adrenalin, eine allgemein anregende Substanz, in die Blutbahn abgibt. Auch hier benötigen wir jede zusätzliche Energie, die wir bekommen können.

In der Zwischenzeit wandert diese Botschaft auch innerhalb des Gehirns zum Hypothalamus, der als Emotionszentrum fungiert. Dieser wiederum regt das Endokrinium oder auch hormonelle System an. Es arbeitet langsamer als das Nervensystem, aber was ihm an Geschwindigkeit fehlt, ersetzt es durch Ausdauer. Daher klopft Ihr Herz auch noch lange nach einem Stressereignis, und Sie fragen sich noch eine ganze Weile danach, was wohl hätte geschehen können oder was Sie hätten tun können.

Wie sich Belastungen auswirken

Es gibt zwei Arten von Stress: unmittelbaren Stress und Dauerstress. So bedeutet es beispielsweise für ein Kind unmittelbaren Stress, wenn es einen Raufbold auf sich zukommen sieht, und der Dauerstress bestünde darin, sich vorstellen zu müssen, dass dies für den Rest des Schuljahres täglich der Fall sein wird.
Das Problem liegt darin, dass Ihr Körper am besten für unmittelbare, kurzfristige Überlastungen ausgelegt ist. Bei konstan-

Den Kopf voller Sorgen?

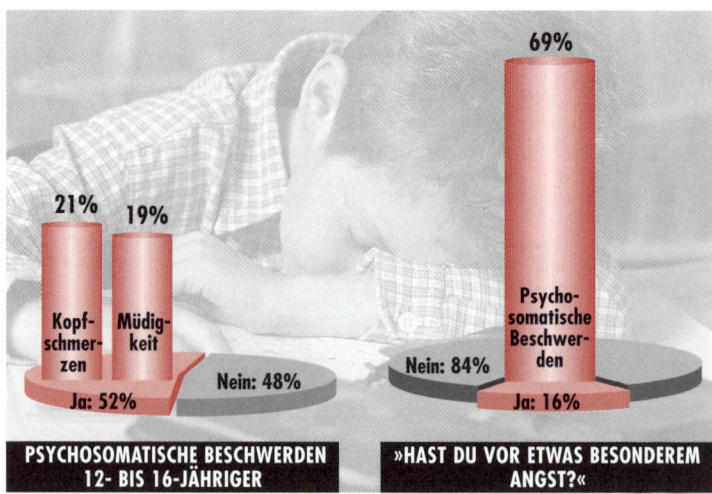

Stuttgarter Jugendgesundheitsstudie mit 2000 12- bis 16-jährigen Jugendlichen

Gut die Hälfte aller Jugendlichen leiden unter Beschwerden, für die es keine Ursachen gibt. Dabei stehen Kopfschmerzen an erster Stelle. Besonders heftig erwischt es dabei Jugendliche, die vor irgendetwas Angst haben.

ten, langfristigen und nicht nachlassenden Überlastungen hat er wenig Zeit, um sich zwischen den Stressattacken zu entspannen und zu erholen. Schließlich ist das Herz, das bei einer Stressreaktion kräftiger zu pumpen beginnt, auch nur ein Muskel. Überanstrengen Sie ihn, wird er ermüden.

Das Gleiche gilt für Ihr Atmungssystem. Unter Stress atmen Sie rascher, oft doppelt so schnell wie unter Normalbedingungen. Ihre Atmung wird auch flacher, und Sie enden in einem Keuchen. Bei einer kurzfristigen Stressreaktion ist das notwendig. Wenn dieses Reaktionsmuster jedoch chronisch wird, trocknen Ihre Nase und Ihr Mund aus, und wahrscheinlich beginnt auch Ihr Zwerchfell, unter der hohen Belastung zu schmerzen. Dauert dies zu lange an, so kann es zu einem Gefühl der Benommenheit und des ständigen Außer-Atem-Seins kommen. Diesen Zustand, der durch verstärktes Abatmen von Kohlendioxid aus der Lunge verursacht wird, nennt man Hyperventilation, ein häufiges Merkmal für anhaltenden Stress.

Zu viel Stress macht krank
Dauerstress kann auch zu weiteren, längerfristigen Problemen führen. Beklagt sich Ihr Kind über anhaltende Bauchschmerzen, so kann es sich bei der Ursache um mehr als nur den Verzehr von zu viel Junk Food handeln, sie könnten auch die Folge von anhaltenden Überforderungen sein. Wenn andauernd auf den Stressknopf gedrückt wird, verlangsamt sich das rhythmische Zusammenziehen der glatten Muskulatur, die die Nahrung durch den Darm vorantreibt, indem sie auf Signale des vegetativen Nervensystems reagiert. Auch die Drüsen, die den zum Nahrungsabbau verwendeten Magensaft produzieren, verlangsamen ihre Tätigkeit und verringern damit die Verdauungsfähigkeit des Magens. Indessen kann es durch die Wirkung anderer Hormone zu einer Vermehrung der Magensäure kommen. All dies kann durch eine Reizung der Magenwände zu ernsthaften Störungen des Magens und des Darmtraktes führen. Bedeutet dies Kinder mit Magengeschwüren?

Wahrscheinlich nicht. Untersuchungen in jüngerer Zeit haben gezeigt, dass Magengeschwüre nicht unmittelbar durch Aufregungen verursacht werden, sondern durch ein kleines Bakterium, Helicobacter pylori oder H. pylori. Lang anhaltender Stress kann H. pylori indessen helfen, sein Ziel zu erreichen, indem er die Magenwände anfälliger macht. Und zu guter Letzt kann Stress jene Kinderbauchschmerzen verursachen.

Stress und das Immunsystem

Bei seinen Untersuchungen zur Kampf-oder-Flucht-Reaktion beobachtete Dr. Selye die schädigenden Auswirkungen von Stress auf das Immunsystem. Untersuchungen aus jüngerer Zeit haben ergeben, dass 90 Prozent der Konsultationen bei niedergelassenen Ärzten auf Überlastungen zurückzuführen sind, und das gilt auch für Kinder. In einer Studie an der Universität von Kalifornien stellten die Forscher fest, dass viele der Kinder, die krank werden, ein Opfer von Stress sind. In der Studie zeigte sich ferner, dass manche Jugendliche empfindlicher gegen Stress sind und auch häufiger erkranken als andere. Dieselben Forscher sagen, dass der Unterschied im Wohlbefinden der Kinder darin liegen kann, einen Weg für den Umgang mit Problemen zu finden. Die neuere Forschung hat auch den Begriff der so genannten stressbedingten Erkältung untermauert. In Untersuchungen zeigte sich gar, dass Überlastungen Ihr Immunsystem hemmen und Sie anfälliger für Erkältungen machen kann. Tatsächlich zeigte eine Studie von Psychologen an der Carnegie-Mellon-Universität und an der Medizinischen Fakultät der Universität von Pittsburgh, dass chronischer Stress, d. h. Stress, der länger als einen Monat anhielt, das Risiko einer Person, Merkmale einer Erkältung zu entwickeln, mehr als verdoppelte. Die Studie zeigte ferner, dass akuter, d. h. plötzlicher, kurzfristiger und intensiver Stress die Erkältungen, deren Symptome sich drei bis fünf Tage später zeigen, auslöst. Wie kommt es, dass Überforderungen derartige Folgen haben können? Nun, denken Sie daran, was ich zuvor über die Stresshormone gesagt habe, die den Verdauungsprozess verlangsamen. Es zeigte sich, dass die Stressreaktion auch andere Körperfunktionen verlangsamt oder erschöpft, die nicht speziell der Abwehr der wahrgenommenen Gefahr dienen. Unglücklicherweise ist eine dieser Funktionen Ihr Immunsystem. Unter Stress gebildete Hormone können gewisse weiße Blutkörperchen unterdrücken, die die Immunität fördern helfen. Und bei konstantem und lang anhaltendem Stress sind auch die schädigenden Auswirkungen auf das Immunsystem entsprechend konstant und lang anhaltend.

Durch Stress verursachte Krankheitssymptome
So wie Stress eine im Entstehen befindliche Erkältung zum Ausbruch bringen kann, kann er auch andere bereits im Körper Ihres Kindes vorhandene Krankheiten verschlimmern.
Wenn Ihnen direkte Verbindungen zwischen zu vielen Sorgen und der Verschlimmerung bestehender Erkrankungen bei Ihrem Kind auffallen, sollten Sie dies mit Ihrem Kinderarzt besprechen. Eltern können der Liste natürlich noch viele andere physiologische Kennzeichen hinzufügen, die nicht allgemein dokumentiert sind, sich aber trotzdem verschlechtern, wenn ihr Kind kurz- oder langfristig unter Stress steht. Obwohl solche Symptome von Angehörigen medizinischer Berufe unter Umständen als weniger ernst eingestuft werden, folgen Sie selbst dieser Ansicht sicher nicht, wenn Sie sehen, wie Ihr Kind darunter leidet. Zu diesen Symptomen gehören: Kopfschmerzen, Schluckbeschwerden, Übelkeit, Sodbrennen (Übersäuerung), Kaltschweißigkeit, ein »Stein« im Magen und Kribbeln im Bauch, Nackenschmerzen, chronische Müdigkeit, Benommenheit, Brustschmerzen, Rückenschmerzen, häufiges Wasserlassen, Muskelkrämpfe, Gedächtnisschwäche, Panikattacken, Verstopfung, Durchfall, Schlaflosigkeit.
Vielleicht eine der gravierendsten Auswirkungen von Stress bei Kindern ist die Verlangsamung des Wachstums, und das geht

den Ärzten zufolge so: Die Hirnanhangsdrüse als entscheidende endokrine oder hormonelle Drüse steht mit dem Gehirn durch Nerven und chemische Stoffe in Verbindung und beeinflusst daher wirklich jede Körperfunktion. Eines der wichtigen Hormone, das die Hirnanhangsdrüse ins Blut abgibt, ist als Wachstumshormon bekannt. Es hilft dem Körper, Eiweiß zu synthetisieren und Gewebe aufzubauen, wobei es den Zeitpunkt, den zeitlichen Ablauf und das Ausmaß des Wachstums unmittelbar stimuliert. Am deutlichsten wird dies während des Säuglingsalters und in der frühen Kindheit, während deren das Skelett und die Muskulatur Wachstumsschübe durchlaufen. Adrenalin, das Stresshormon, löst jedoch die Freisetzung von Noradrenalin aus, das zu eben dem Anteil der Hirnanhangsdrüse wandert, wo das Wachstumshormon gebildet wird. Die Hirnanhangsdrüse, deren Kapazität begrenzt ist, spart nun im Wesentlichen am langfristigen Hormonbedarf zur Gewebsentwicklung und bewirkt, dass kurzfristig für den Notfall Adrenalin gebildet wird. Dauerstress – und ein daraus resultierendes hormonelles Ungleichgewicht kann die körperliche Entwicklung eines Kindes beeinträchtigen. Sollten Sie sich diesbezüglich Sorgen machen, so kann Ihnen Ihr Kinderarzt mehr dazu sagen.

Individuelle Unterschiede

Eine stressige Situation, drei verschiedene Kinder und drei unterschiedliche Reaktionen. Lehrer und Eltern sehen so etwas alle Tage. Der eine schreit, die andere lacht, und ein drittes bekommt Bauchschmerzen. Keine zwei Kinder werden mit derselben Situation auf die gleiche Weise umgehen. Jedes kommt mit seinem eigenen Stil im Umgang mit Sorgen zur Welt. Aufmerksame Eltern können den »Stressstil« ihres Kindes schon erkennen, wenn es noch ganz klein ist. Überprüfen Sie Ihr Baby in seinem Bettchen: Greift es nervös um sich, wendet es sich hin und her, schreit und greint es, bis Sie es herausnehmen? Bewegt es sich den ganzen Tag, zieht es Dinge zu sich heran und stößt sie wieder fort? Oder begnügt es sich, mit seinen Fingern zu spielen und zu saugen? Viele Mütter sagen, sie seien sich des Temperaments ihres Kindes schon vor der Geburt bewusst. Der Mutter zufolge stieß das unruhige Kind schon im Mutterleib mit Armen und Beinen um sich. Und das friedliche Baby war schon vor der Geburt so sanft wie danach. Diese Abweichungen im Temperament sind möglicherweise eine Folge von Unterschieden im Stoffwechsel, im Körpertyp sowie in der Biochemie von Gehirn oder Organismus.

Wie denkt Ihr Kind?

Abgesehen von der körperlichen Reaktion auf Überforderungen kann das Denken des Kindes eine große, wenn nicht größere Rolle spielen. Verschiedene Kinder haben jeweils unterschiedliche Denkstile. Eltern, die die Art des Problemlösungsverhaltens ihres Kindes erkennen, können ihm helfen, seine Fähigkeit zu entwickeln. Eltern, die dies nicht wahrnehmen, zwingen ihm unter Umständen einen Stil auf, der ihm nicht gerecht wird. So sind beispielsweise die meisten Kinder entweder divergente oder konvergente Denker. Divergente Denker sind gut im weiträumigen Denken, sie finden rasch eine neue Einsatzmöglichkeit für ein altes Spielzeug, ein gebrauchtes Werkzeug oder eine bereits bekannte Information. In einer stressigen Situation würde ein divergenter Denker beispielsweise aus früheren Erfahrungen etwas herleiten, von dem er weiß, dass er es beherrscht, und es auf eine neue und kreative Weise anwenden. Er würde seinen Bleistift als Stütze für eine umknickende Pflanze auf dem Fensterbrett benutzen oder seine Fertigkeiten beim Fischen einsetzen, um einen Schlüssel zwischen zwei Möbelstücken, die zum Wegrücken zu

> **Kindern Stress erklären**
>
> Sollten Sie versuchen, Ihren Kindern Stress zu erklären, so werden sie es kaum verstehen. Hormone oder vegetatives Nervensysten sind ihnen vollkommen gleichgültig.
> Wann immer ein Kind gestresst ist, möchte es nur noch wissen, wie man diese »schlechten« Gefühle wieder loswird. Hier haben Sie die Möglichkeit, helfend einzugreifen.

schwer sind, hervorzuholen. Wenn Sie wissen möchten, ob Ihr Kind ein divergenter Denker ist, legen Sie einen einfachen roten Ziegel auf den Tisch. Bitten Sie Ihr Kind, so viele Dinge wie möglich zu nennen, für die sich dieser Ziegel verwenden ließe. Beginnen Sie selbst: Es könnte ein Briefbeschwerer sein oder ein Lampenfuß oder ... Ein divergenter Denker wird mit Vorschlägen tonnenweise aufwarten und später vielleicht Künstler oder Designer werden.

Ein konvergenter Denker hingegen ist gut im Synthetisieren, indem er viele verschiedene Elemente auf eine neue Weise zusammenführt. Unter Stress würde er sich auf das Problem konzentrieren, bis er es in einem neuen Licht und deutlicher erkennt – indem er seine Vorstellung auf einen Punkt konzentriert. Wie ein Detektiv oder Wissenschaftler wäre er in der Lage, aus einer Vielzahl verstreuter Hinweise eine Theorie aufzustellen. Ein konvergenter Denker ist in der Lage, einen Aktionsplan zu erstellen, wenn sich eine Gruppe im Wald verlaufen oder den falschen Bus genommen hat, oder es gelingt ihm, ein Puzzle in Rekordzeit zusammenzusetzen. Meine Tochter, eine klassische konvergente Denkerin, erstellte schon im dritten Schuljahr Listen zu erledigender Dinge und wendet heute ihre Fertigkeiten bei Aufstellungen und beim Zusammensetzen von Puzzles in ihrem Beruf als Strafrechtsanwältin vor Gericht an. Konvergente Problemlöser geben hervorragende Organisationsspezialisten – und Prozessanwälte – ab.

Sie werden schon früh wissen, was für eine Art von Kind Sie haben. Ihre Aufgabe besteht darin, zu einem möglichst frühen Zeitpunkt so viel wie möglich darüber zu erfahren, was für einem Denkstil Ihr Kind folgt, um dann mit ihm daran zu arbeiten, wie es am besten mit all den verschiedenen Formen von Belastungen zurechtkommt. Unter Umständen wird es ein Lernen aus den eigenen Fehlern. Aber mit Glück, Geduld und Ausdauer Ihrerseits, aber auch seinerseits, werden Sie Ihrem Kind helfen können, jedes stressige Ereignis durchzustehen, das ihm das Leben bringt.

Veranlagung und Erziehung

Zwei Komponenten fließen in die Entwicklung der Persönlichkeit eines Kindes ein. Die eine ist das Temperament Ihres Kindes, das wir eben besprochen haben. In Untersuchungen hat sich herausgestellt, dass das Temperament weitgehend sozusagen naturgegeben von Geburt an klar und ein Leben lang ziemlich konstant ist. Als Elternteil haben Sie dies wahrscheinlich schon die ganze Zeit über vermutet – drei Kinder, und jedes von Geburt an verschieden. Ein unkompliziertes Baby, ein reizbares Baby, ein extrovertiertes Baby – und alle scheinen die Reaktionen der Eltern ebenso zu beeinflussen, wie umgekehrt die Reaktionen der Eltern die der Babys beeinflussen. Eine Langzeitstudie an getrennt aufgewachsenen Zwillingen hat ergeben, dass etwa die Hälfte der Variablen ihrer Stressreaktionen angeboren sind.

Die andere Komponente besteht in dem, was Kinder lernen, wie sie durch die betreuenden Personen und die Umgebung, in der sie leben, »zu sein« gelehrt werden. In dieser Umgebung üben die Eltern den stärksten Einfluss aus, aber auch andere Menschen hinterlassen einen starken Eindruck: Brüder, Schwestern, Großeltern, Tanten, Onkel, Cousinen und Cousins und Freunde. Darüber hinaus gibt es Lehrer und Betreuer sowie Personen, denen sie nie begegnen werden: Film- und Fernsehstars, Comicfiguren, Prinzen und Prinzessinnen und andere bewundernswerte Persönlichkeiten, die sie hoffentlich in der Literatur kennen lernen. Sind diese Orientierungspunkte in der Landschaft eines Kindes positive Rollenvorbilder, so hat es Glück. Das ist bedauerlicherweise nicht immer der Fall. Und leider steht das Umfeld eines Kindes auch nicht immer unter der Kontrolle der Eltern.

Elterliche Sorgen wirken sich aus

Indessen hat sich gezeigt, dass derjenige Teil des Umfeldes, den Sie kontrollieren können, nämlich Ihr eigenes Verhalten, eine sehr große Rolle spielt. Selbst das berüchtigte Alter von zwei Jahren, die »schreckliche Zwei«, wird nicht ausschließlich durch die Natur eines Kindes verursacht. Ein Faktor ist die Erziehung. In einer Studie fand sich, dass ein ausgeprägter Fall von »schrecklicher Zwei« ebenso viel mit Stress und Angst im Leben der Eltern wie mit dem angeborenen Temperament des Kindes oder mit seinem Entwicklungsalter zu tun hat. Bei 69 Familien mit erstgeborenen Söhnen fanden die Untersucher, dass jedes Kind im Alter zwischen 15 und 33 Monaten eine Phase der »schrecklichen Zwei« hatte. Sie stellten jedoch fest, dass die Probleme bei den 15 Familien, deren Söhne die stärkste Symptomatik hatten, gewöhnlich schlimmer wurden, wenn die Eltern ängstlicher, deprimierter und abweisender sowie weniger gesellig und freundlich waren und die Familie zudem eine Menge arbeitsbedingten Stress hatte sowie über weniger wirtschaftliche Ressourcen verfügte.

Stressreaktionen sind individuell und auch je nach Alter unterschiedlich.

Was können Eltern tun?

Veranlagung kontra Erziehung! Meiner Ansicht nach muss beides in Rechnung gestellt werden, wenn Sie das Kind als Ganzes betrachten, weil die Natur eines Kindes durch die Erziehung beeinflusst wird. Jedes Kind kommt mit seinem individuellen Temperament und seinen eigenen Fähigkeiten für den Umgang mit Problemen zur Welt. Eben dies nennen wir seine Natur, und wir als Eltern können gewöhnlich wenig tun, um sie zu ändern. Was wir indes tun können ist, die Umgebung zu beeinflussen, in der unsere Kinder aufwachsen. Wir können helfen, unsere Kinder in einer Vielfalt von Stilen zu erziehen, die ihren eigenen natürlichen Neigungen komplementär sind. Wir können ihnen beibringen, wie man beginnt, mit seinem Temperament und seinem Umfeld umzugehen, um beim Heranwachsen auf die gesündeste Weise mit Stress zurechtkommen zu können.

Stressanzeichen bei Kindern

Inzwischen sollten Sie ein Gefühl dafür haben, wie Druck wirkt und wodurch er sich bei Jungen und Mädchen unterscheidet. Aber woran erkennen Sie, wenn er seinen Tribut fordert? Welches sind die emotionalen und körperlichen Anzeichen, und wie sind die Verhaltensmerkmale von Kindern unter Stress?
Es ist nicht leicht, weil Kinder eine ganz eigene »Stresssprache« haben. Es scheint, als spräche jedes Kind in einem nur ihm bekannten Dialekt. Unsere Aufgabe als Eltern besteht darin, das besondere »Stressvokabular« unseres Kindes zu interpretieren und zu verstehen, selbst wenn das meiste von dem, was uns das Kind erzählt, nonverbal, also nicht in Worte gefasst ist.

Kommunikation ohne Worte

Kinder sprechen zu uns durch ihr Verhalten, ihre Emotionen und in ihrer Körpersprache. Schon wenn sie noch ganz klein sind, beginnen wir zu »hören«, was sie uns zu sagen versuchen, d.h., wir lernen, mit unseren Augen und den übrigen Sinnen zu »hören«. Wir »hören« sie mit unserem Geist, unserer Intuition und unserem Herzen.
Wir beginnen zu wissen, wie sie sich fühlen und was sie verspüren, indem wir einen Ausdruck der Augen (verängstigt, glücklich, zufrieden, übel gelaunt) wieder erkennen, indem wir die Muskeln ihres Gesichts studieren (wütend, nervös, entspannt), indem wir die Körperhaltung wahrnehmen (deprimiert, voll Selbstvertrauen, magenkrank) oder auch indem wir auf den Klang ihrer Stimme oder ihres Schreiens (müde, gelangweilt, hungrig) hören.

Dieser Dialog zwischen Eltern und Kind beginnt in der Wiege – obwohl manche Mutter sagt, ihr Kind spräche sogar schon vor der Geburt mit ihr. Von da an lernen wir mit jedem Alter und in jedem Stadium des Kindes, neue Hinweise und Botschaften aufzunehmen, die uns seine Bedürfnisse und Wünsche, seine Stimmungen, seine Schmerzen sowie seine Sorgen und Ängste ebenso übermitteln wie seine freudige Erregung, seine Zufriedenheit und sein Glücklichsein.

Obwohl Ihr Kind nicht mit einer Betriebsanleitung daherkommt, brauchen Sie auch keinen Doktor in nonverbaler Kommunikation, um zum Experten für die Körpersprache Ihres Kindes zu werden, vor allem, wenn es in der Körpersprache für Stress spricht. Es ist eine Frage des Lernens, wie man die Punkte miteinander verbindet. Achten Sie nur darauf, wie Ihr Kind aussieht oder wie es sich verhält, wenn Sie wissen, dass es sich gestresst fühlt. Wenn Sie dann das gleiche Signal in einer ähnlichen Situation abermals wahrnehmen, sollte dies genügen, um zu wissen, dass dies seine Weise ist, Ihnen zu sagen: »Diese Situation ist zu viel für meinen Körper und meinen Geist, und wenn du und ich uns nicht einen Weg ausdenken, wie wir entweder diese Situation beenden oder mir helfen, damit zurechtzukommen, werde ich mich auch weiter so fühlen.«

Körperliche Anzeichen

Wenn Kinder gebeten wurden, ihre körperlichen Reaktionen auf Überforderungen anzugeben (siehe Kapitel »Nur noch Stress und Sorgen!«, Seite 8ff.), so lauteten die drei am häufigsten gegebenen Antworten: Schlaflosigkeit (47 Prozent), Bauchschmerzen (44 Prozent) und »sich irgendwie krank fühlen« (26 Prozent). Kopfschmerzen kamen mit 21 Prozent an vierter Stelle, und neun Prozent der Kinder gaben an, sich nervös zu fühlen.

Um nur ein Beispiel zu nennen: Ich war erstaunt über die Vielfalt, mit der Kinder Magen-Darm-Probleme zu beschreiben vermochten:

»Ich bekomme einen straffen Knoten in den Magen.«
»Mein Magen tötet.«
»Mein Magen fühlt sich sonderbar an.«
»Mein Magen fühlt sich an, als würde er von Säure weggefressen. Ich spüre praktisch die Verschlechterung.«
»Mein Magen wird leer und fühlt sich an, als sei nichts drin.«
»Mein Magen dreht sich im Kreis.«

Ähnlich farbig waren aber auch die jeweiligen Beschreibungen anderer Auswirkungen von Stress auf den Körper der Kinder:
»Es tut mir einfach überall weh.«
»Es fühlt sich an, als ob etwas am Herzen nagen würde.«
»Ich bekomme richtig Angst und verstecke mich.«
»Mein Herz schlägt schnell.«
»Asthma, gewaltige Kopfschmerzen, die bei der kleinsten Bewegung schlimmer werden, Magenschmerzen.«
»Ich springe auf und ab und brülle aus vollem Hals, bis ich ohnmächtig werde.«
»Schwitzen, Beine wie aus Gummi.«
»Mein Nacken wird heiß, meine Ohren werden rot, und meine Wangen glühen.«
»Ich spiele mit meiner Lippe und schlage meine Schwester.«
»Ich fühle mich überall komisch.«
»Ich beginne, mit den Fingern zu trommeln.«

Viele Kinder entwickeln ihre eigenen Varianten dieser Themen. Als Reaktion auf Überlastungen kommt es zu Tics, seltsamen Angewohnheiten und Hautausschlägen. Haben Sie ein waches Auge auf diese Merkmale, seien Sie sich aber auch bewusst, dass sie nicht immer ein Indikator für Stress sind. Sollte eines dieser körperlichen Leiden über längere Zeit hinweg bestehen, empfehle ich Ihnen, mit dem Kind zum Arzt zu gehen. Sollten psychische Zustände auch weiterhin bestehen bleiben, bitten Sie Ihren Hausarzt, Ihnen einen Psychologen oder sonstigen Angehörigen entsprechender Gesundheitsberufe zu nennen.

Anzeichen im Verhalten

Die meisten Kinder verfügen über ein außergewöhnlich hohes Maß an Energie. Und wenn die Kampf-oder-Flucht-Reaktion das Hormon Adrenalin in ihre kleinen Körper pumpt, haben sie sogar noch mehr. Anders als Erwachsene, die unter Umständen gelernt haben, diese Energie produktiv zu kanalisieren, ist es bei Kindern so, dass sie »aufdrehen«. Sie sind wie kleine Pumpen kurz vor der Explosion. Mit mehr Energie, als sie umzusetzen wissen, greifen sie in dem Bemühen, diese Energie zu verheizen, auf ihre eigenen Strategien zurück. Darunter fallen beispielsweise: Wutanfälle im Vorschulalter, Verhaltensregression (babyähnliches Verhalten), Launenhaftigkeit, sozialer Rückzug, Streiten, die Weigerung, in die Schule oder den Kindergarten zu gehen, Konzentrationsschwäche, übermäßiges Jammern und Weinen, häufiges Tagträumen, Unruhe.

Es folgen einige Beispiele dafür, wie Kinder diese Merkmale in eigene Worte fassen:

»Ich fühle mich benommen oder heiß.«

»Feuchte Handflächen, rasender Herzschlag, zittrige Hände und Knie.«

»Üble Kopfschmerzen, unruhig, deprimiertes Gefühl.«

»Mein Kopf tut weh, und ich schlafe viel.«

»Ich fühle mich schwach.«

»Schrecken in der Nacht.«

»Weinen, Bauchschmerzen, Asthmaanfall.«

»Ich fühle mich wirklich müde und werde still.«

»Ich bekomme ganz böse Kopfschmerzen, wenn meine Mutter und ich streiten ... Ich verliere auch den Appetit.«

»Wenn ich etwas höre, werde ich nervös. Ich denke, Sie könnten mich nervös nennen.«

»Wenn ich nervös bin, werde ich klamm.«

»Ich möchte allein sein.«

Wie Sie aus dem Kapitel »Nur noch Stress und Sorgen«, (Seite 8ff.) erinnern werden, nannten die meisten Kinder in der Studie (65 Prozent) Rückzug als Reaktion auf Belastungen, als wir ihnen eine Auswahlliste mit Verhaltensweisen gaben. Danach kamen der Reihe nach das Hänseln von Geschwistern (60 Prozent), Nägelkauen (50 Prozent), Schlafstörungen (47 Prozent), rasches Weinen (43 Prozent) und Schwierigkeiten, sich auf die Hausaufgaben zu konzentrieren (41 Prozent). Eltern, die an der Befragung teilnahmen, sagten die Verhaltensweisen, die ihre Kinder ihrer Ansicht nach nennen würden, mit einer gewissen Genauigkeit voraus – die leicht zu beobachtenden. Es scheint ihnen jedoch schwer zu fallen, die feineren Hinweise zu erkennen, vor allem Rückzug und Tagträumen. An dieser Stelle könnte meine Empfehlung, die einzelnen Punkte miteinander zu verbinden, dabei helfen, dass Eltern sich stärker auf den Zusammenhang zwischen dem Verhalten ihres Kindes und Stress einstimmen. Wenn Sie bemerken, dass Ihr Kind sich als Reaktion auf stressige Situationen mit einer gewissen Häufigkeit zurückzieht, können Sie allmählich darauf vertrauen, dass es sich dabei um seine »Stressstrategie« handelt. Dann können Sie ihm helfen, diese Strategie durch eine andere, effektivere Technik zu ersetzen.

Emotionale Anzeichen

Manche der Verhaltensreaktionen der Kinder verraten ihre emotionalen Reaktionen. Regression, Rückzug, Reizbarkeit, ungebührliches Verhalten und das Hänseln von Geschwistern beispielsweise bedeuten gewöhnlich Furcht, Angst, Traurigkeit oder Depression. Am meisten Gedanken macht mir, wie wenig Eltern eine Verbindung zwischen emotionalen Anzeichen und Stressverhalten herstellen. Aus eigener Erfahrung wissen sie unter Umständen, dass Stress die Emotionen Erwachsener vollkommen durcheinander bringen kann, spielen die Emotionen ihrer Kinder jedoch zum Teil herunter. Kinder agieren Sorgen indessen über Energieausbrüche und andere Verhaltensweisen aus. Könnten sie sich sprachlich artikulieren, so würden sie vielfach über dieselben Probleme berichten, an denen ihre Eltern leiden, wenn sie unter Stress stehen.

MÄDCHENÄNGSTE –
JUNGENÄNGSTE

Geschlecht und
Überforderungen

Es ist ein Mädchen ...

Es ist ein Junge ...

Seite 52–67

„„ Früher wurde insbesondere
von Jungen erwartet, dass sie
keine Angst haben. Auch Eltern haben
mit Sätzen wie »Du wirst doch
wohl keine Angst haben!« ihren
Söhnen deutlich gemacht, dass Angst
nicht erwünscht ist. Oft mit
unabsehbaren Folgen für das
Selbstwertgefühl. ""

ANNEGRET WEIKERT

Geschlecht und Überforderungen

Es gibt einfach kein Entrinnen. Trotz der jahrelangen Kontroversen und Diskussionen darüber, in welcher Weise und warum sich Jungen und Mädchen unterscheiden, reduziert sich letztlich alle Erkenntnis darauf, dass sie sich eben sehr verschieden voneinander verhalten. Und obwohl Verallgemeinerungen oft gefährlich sind, sehen es Eltern und Angehörige der Gesundheitsberufe als erwiesen an, dass diese Unterschiede auch bedeuten, dass jedes Geschlecht auf seine Weise mit Stress umgeht.

Natürlich ist jedes Kind einzigartig. Natürlich gibt es Ausnahmen von der Regel. Und ja, manche Jungen sind ruhig, passiv und in hohem Maße verbal ausgerichtet. Manche von ihnen spielen sogar eher mit einer knuddeligen Puppe als mit einem Baukasten. Es stimmt, dass manche Mädchen von Natur aus athletisch und gut in Mathematik und Naturwissenschaften sind, dass es ihnen Spaß macht, Dinge zu reparieren und zusammenzubauen.

Der kleine Unterschied und die Folgen

Im Großen und Ganzen beruhen die Geschlechtsstereotype, von denen wir hören, jedoch auf Beobachtung. Schon auf der Neugeborenenstation stellen Eltern und Pflegepersonal fest, dass sich Mädchen im Allgemeinen anders verhalten als Jungen. Und während sie aufwachsen, nehmen wir weitere Beispiele für diese Unterschiede wahr. Selbst wenn Eltern versuchen, ihre Kinder ohne Geschlechtsunterschiede aufwachsen zu lassen, berichten sie dennoch, dass ihre Kinder gewisse geschlechtsspezifische Neigungen zeigen. Mädchen neigen ihrer Meinung nach dazu, rascher zuzustimmen als Jungen. Sie bieten häufiger an, Dinge für jemanden zu erledigen. Mädchen scheinen sich mehr als Jungen Gedanken um soziale Beziehungen und um ihr Aussehen zu machen. Sie werden häufiger ängstlich als Jungen, verlassen sich aber öfter auf ihre Intuition, reagieren also im Vergleich zu Jungen stärker auf ihre eigenen emotionalen Eingebungen und auf die anderer Menschen. Die verbalen Fähigkeiten sind bei Mädchen früher ausgeprägt als bei Jungen, und sie beginnen in jüngerem Alter als diese zu sprechen und Lesefertigkeiten zu entwickeln. Die feinmotorische Koordination ist bei Mädchen stärker entwickelt als bei Jungen, die hingegen körperlich stärker sind. Jungen sind im Allgemeinen aggressiver und impulsiver und früher unabhängig als Mädchen. Sie neigen dazu, Dinge auseinander zu nehmen und anschließend wieder zusammenzusetzen. Jungen scheinen weniger schläfrig zu werden, länger wach zu bleiben und weniger Nickerchen zu machen. Und – Jungen spielen lieber mit »männlichem« Spielzeug.

Angeboren oder anerzogen?

Wie viele dieser Verhaltensweisen lassen sich körperlichen Unterschieden zuordnen? Wie viel hat mit der unterschiedlichen Art und Weise zu tun, in der wir Jungen und Mädchen behandeln, d. h., wie viel ist das Ergebnis sozialen Konditionierens? Welcher Anteil ist naturgegeben, und wie viel ist erziehungsbedingt? Wie viel davon hat mit genetischen Unterschieden zu tun, und welcher Anteil ist auf das Umfeld zurückzuführen, in dem wir Kinder großziehen? Wie viel hat mit den Modellen von Weiblichkeit und Männlichkeit zu tun, die wir den Kindern vorsetzen und dann durch unser Verhalten verstärken und die letztlich auch durch Filme, Bücher und andere gesellschaftliche Einflüsse verstärkt werden?

Die Antworten fallen leider nicht leicht. Es ist schwierig, die Einflüsse von Natur und Erziehung voneinander zu trennen. Dies kann durchaus zu einer Frage nach der Henne und dem Ei werden – was war zuerst da? Sind kleine Mädchen geselliger und wortgewandter, weil wir mehr mit ihnen sprechen, oder sprechen wir mehr mit ihnen, weil sie gesellig und wortgewandt sind? Wie so oft festgestellt wird, sind einige der Unterschiede zwischen Mädchen und Jungen unter Umständen auf soziale Konditionierung zurückzuführen. Wenn wir ein Mädchen sehen, nehmen wir es in den Arm, sehen wir einen Jungen, machen wir einen Ringkampf mit ihm. Einem Mädchen geben wir eine Puppe, ein Junge erhält Bauklötze. Es überrascht kaum, dass sie eine Näherin sein möchte und dass er Königreiche errichten will. Behandeln wir Jungen und Mädchen wirklich verschieden, weil ihr eigenes Verhalten diese Reaktionen in uns hervorruft? Es gibt inzwischen viele wissenschaftliche Arbeiten, in denen Antworten auf diese Fragen gesucht werden, und ihre Zahl steigt. Lassen Sie uns einige dieser Studien betrachten und schauen, was sie uns darlegen.

Es ist ein Mädchen ...

Geschlechtsstereotype sind tief in den Eltern verankert. Selbst vor der Geburt unseres Babys beeinflussen vorgefasste Meinungen die Art und Weise, in der wir »ihn« oder »sie« behandeln. In einer klassischen Studie über 110 Kulturen fanden Psychologen heraus, dass 82 Prozent der von ihnen Befragten bei Frauen eine im Vergleich zu Männern stärker fürsorgliche und nährende Rolle erwarteten; 87 Prozent hielten Frauen für weniger erfolgsorientiert als Männer, und 85 Prozent waren der Ansicht, Frauen hätten weniger Selbstvertrauen als Männer. In einer anderen Untersuchung kamen Psychologen zu dem Schluss, dass Väter von ihren Töchtern erwarten, hübsch, süß und zerbrechlich zu sein, während ihre Söhne aggressiv und athletisch sein sollen.

Derartige Erwartungen können zu einer sich selbst erfüllenden Prophezeiung führen: Wir bekommen, was wir sehen oder er-

---

Hilfe auf dem Weg zur Frau

Freuen Sie sich als Mutter über die Attraktivität Ihrer Tochter.

Sexualität ist etwas Positives.

Erfahrungen sammeln gehört dazu.

Die Menstruation ist ein wichtiger Schritt ins Erwachsenenleben.

Homosexuelle Phantasien sind kein Grund zur Panik.

Über Verhütung und Aids sprechen!

---

warten zu sehen. In einer Studie wurden Männern von den Untersuchern Videoaufzeichnungen von 17 Monate alten Babys vorgeführt. Sagte man ihnen, es handle sich um einen Jungen, so neigten sie dazu, das Kind eher als aktiv, flink und aggressiv zu bezeichnen. Wurde den Männern hingegen gesagt, es handle sich um ein Mädchen, so betrachteten sie dasselbe Kind als passiv und zerbrechlich.

Wir sehen, was wir sehen wollen

Kinder spiegeln oft die Erwartungen wider, die wir in sie setzen. Sie verwandeln unsere Projektionen in Realität. So wurde in Untersuchungen beispielsweise festgestellt, dass die meisten Mädchen stärker behütet werden als Jungen. Dies mag Mädchen schließlich vermuten lassen, dass sie beschützt werden müssen. Das Aussehen eines Mädchens wird häufiger kommentiert als jedes andere Merkmal. Dies mag die Vorstellung verstärken, sie würden anhand ihres Aussehens beurteilt. Erwachsene kommunizieren verbal mehr mit Mädchen als mit Jungen. In einer Studie fand sich, dass Mütter auf die Laute von zwölf Wochen alten weiblichen Säuglingen stärker reagierten als auf die von gleichaltrigen Jungen. Das Gleiche gilt, einer anderen Studie zufolge, auch für Väter. Derartige Reaktionen vermitteln Mädchen unter Umständen, dass man von ihnen Kommunikation erwartet.

Väter betonen bei ihren Söhnen Selbstbehauptung, Aggression, das Erreichen von Zielen und das Hervorheben der eigenen Person, bei ihren Töchtern legen sie jedoch großen Wert auf die Kontrolle von Aggression und Selbstbehauptung. Dies bringt Mädchen unter Umständen dazu, nach dem bekannten Grundsatz »Friede, Freude, Eierkuchen« zu leben. Außerdem wurde in einer Studie festgestellt, dass Mütter von Kindergartenkindern Aggressivität gegenüber Eltern und Gleichaltrigen bei ihren Töchtern weniger tolerierten als bei ihren Söhnen. Zu dem gleichen Ergebnis kam eine Untersuchung an Erzieherinnen in Kindergärten.

Diese Studien lassen es nahe liegend erscheinen, dass Fähigkeiten zur Selbstbeherrschung und Kommunikation, selbst wenn sie bei einem Mädchen bereits vorhanden sind, durch unser Verhalten noch verstärkt werden. Das ist soziales Konditionieren. Die nächste Frage lautet jedoch: Wie werden Mädchen dadurch beeinflusst, wenn sie unter Stress stehen?

Selbstbeherrschung um jeden Preis?

Ob es nun auf die Natur, die Erziehung oder auf beides zurückzuführen ist: Selbst Mädchen, die erst 18 Monate alt sind, halten ihre Stimmungen häufiger unter Kontrolle, als Jungen dies tun. Es kann jedoch geschehen, dass Mädchen für diese Selbstbeherrschung ihren Preis zahlen müssen.

Wenn wir innere Impulse, wie etwa Wut oder andere Emotionen, die jemand als inakzeptabel erachtet hat, fürchten, so wird dieses Fürchten als Ängstlichkeit bezeichnet. Mädchen, denen immer wieder gesagt wird, sie sollten ihre natürlichen Gefühle von Aggressivität, Selbstbehauptung oder Ehrgeiz beherrschen, entwickeln in dem Bemühen um Unterdrückung jener Gefühle unter Umständen verschiedene Grade von Ängstlichkeit. Mädchen, denen gesagt wird, diese Gefühle seien unerwünscht, schlecht oder entsprächen nicht dem Verhalten einer »jungen Dame«, fühlen sich möglicherweise schuldig, versuchen, diesen Gefühlen auszuweichen, und spüren wiederum jene Furcht vor den eigenen Impulsen, die als Angst bezeichnet wird. Studien scheinen dies zu belegen. Bei einer Reihe von Messungen waren die Angstwerte bei französischen, afroamerikanischen und amerikanischen Mädchen sowie in Gruppen von Mädchen im Alter ab dreizehn Jahren und durch die Schulzeit hindurch höher als bei Jungen.

Natürlich gibt es Situationen, in denen das Beherrschen von Emotionen eine gesunde und reife Strategie im Umgang mit Stress darstellt. Aber wann wird es zu viel? Das Unterdrücken starker emotionaler Impulse kann Körper und Geist erheblichen Belastungen aussetzen.

Wachstumsstörungen durch Angst

Eine groß angelegte Studie stellte gar eine Verbindung zwischen emotionalen Problemen bei Mädchen und einem herabgesetzten Wachstum her. Es zeigte sich, dass überängstliche heranwachsende Mädchen unter zehn Jahren im Durchschnitt zwei bis vier Zentimeter kürzer waren als andere Mädchen. Nachdem die Forscher bei Jungen keinen ähnlichen Zusammenhang feststellen konnten, kamen sie zu dem Schluss, dass dies so sei, weil Jungen in geringerem Umfang emotionale Konflikte haben. Im Weiteren zeigte diese Studie, dass Angst und Depression unter gewissen Umständen Wachstumshormone unterdrücken können, was zu kleineren Knochen und Muskeln führt. Was den Vorsitzenden eines Komitees für psychosoziale Gesundheit der Amerikanischen Akademie für Pädiatrie an dieser Studie faszinierte, war »die Verbindung zwi-

Angst vor Kontrollverlust

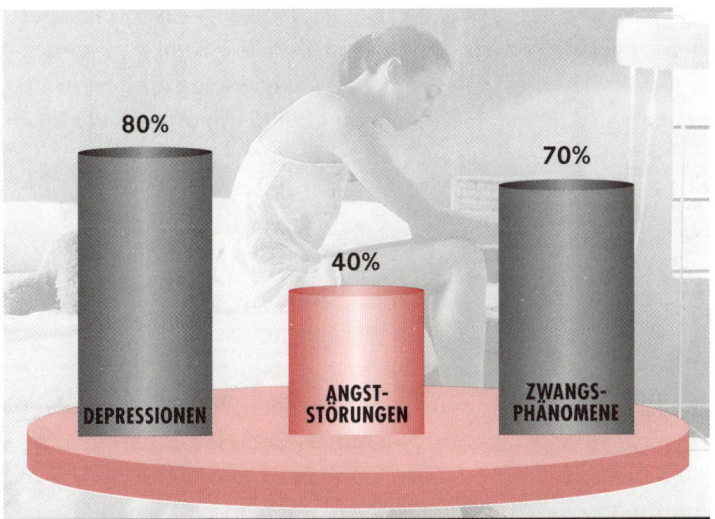

Ärzte Zeitung, 2000

80%
40%
70%

DEPRESSIONEN
ANGST-STÖRUNGEN
ZWANGS-PHÄNOMENE

ZUSÄTZLICHE AFFEKTIVE STÖRUNGEN ZU BEGINN DER ERKRANKUNG AN ANOREXIE

Viele magersüchtige Mädchen leiden unter Niedergeschlagenheit und Angst. Diese Gefühle sind mit Machtlosigkeit verbunden. Insofern könnte das zwanghafte Hungern ein Versuch sein, wieder Kontrolle über das Leben zu erlangen.

schen den Geistesstörungen und den neuroendokrinen Systemen, die sie aufzeigt«. Mit anderen Worten: Geistiger Stress belastet auch den Körper.

Erfolgsdruck bei Mädchen

So merkwürdig es scheinen mag: Selbst am Ende des erleuchteten 20. Jahrhunderts erhalten Mädchen noch immer gemischte Botschaften, wenn es um Erfolg und Versagen geht. Sie werden ermutigt, in den Wettbewerb einzutreten und auf höchster akademischer Ebene Erfolg zu haben. Wenn sie es jedoch tun, werden sie bisweilen noch immer als »zu fix« oder »zu stark« bezeichnet. In ihrer beruflichen Laufbahn gelten sie dann unter Umständen als »zu strebsam« oder »zu manipulierend«.

Es gibt viele Ausnahmen von der Regel, und eine ganze Reihe von Frauen gilt als ungewöhnlich. Es sind Frauen, deren Bedürfnis, ein Ziel zu erreichen, unter Umständen stärker war als die Angst vor dem Versagen. Denn wir alle – Mann oder Frau – haben das Verlangen, Erfolg zu haben, Situationen zu meistern und Probleme zu lösen.

Unterstützen Sie Ihre Tochter, sich von Kritik nicht grundsätzlich verunsichern zu lassen.

Zwischen allen Stühlen

Für Mädchen und Frauen ist es indessen nicht ungewöhnlich, gleichzeitig sowohl Angst vor dem Versagen als auch das Bedürfnis nach Erfolg zu verspüren. Und eben dieses Zusammentreffen der beiden Impulse verschlimmert das, was ich das weibliche Stresssyndrom genannt habe. Stress betrifft nicht nur den Körper der Frauen, sondern auch ihren Geist. Er kann nicht nur körperliche Symptome, wie Kopfschmerzen, Müdigkeit, Rückenschmerzen, Erkältungen und chronische Darmstörungen, sondern auch emotionale Symptome, wie Nervosität, Unsicherheit und Angst, auslösen. Um mit dem Konflikt zwischen dem Verlangen nach Erfolg und der Angst vor dem Versagen zurechtzukommen, lernen manche Mädchen, alles auf dem mühsamen Weg zu erledigen: Sie setzen sich zu sehr für andere ein, tun zu viele Dinge gleichzeitig und versuchen, es jedem recht zu machen. Auf diese Weise haben sie eine Entschuldigung, falls sie versagen, und sie fühlen sich wegen ihres hart erkämpften Erfolges weniger schuldig.

Als Elternteil können Sie Ihrem jungen Mädchen schon frühzeitig helfen, konstruktive Fertigkeiten im Umgang mit Versagensängsten zu erwerben. In den folgenden Kapiteln finden Sie dazu eine Vielzahl von Techniken.

Es ist ein Junge ...

Wann haben Sie zum ersten Mal bemerkt, dass Ihr Sohn sich von Ihrer Tochter unterscheidet? War es – Mutter – noch während der Schwangerschaft? Schien er um sich zu treten und eine Menge Unruhe zu verbreiten? Oder – Vater – war es auf der Neugeborenenstation? Wand sich Ihr Sohn mehr hin und her als die Mädchen in seiner Umgebung?

Der durchschnittliche amerikanische Mann wiegt bei der Geburt 3400 Gramm und ist damit 227 Gramm schwerer als das durchschnittliche weibliche Neugeborene. Auch sein Herz und seine Lunge sind größer, und er kommt im Zyklus gewöhnlich früher zur Welt – schon jetzt der ungeduldige, wilde Bursche. Er hat mehr Testosteron, das Hormon, das später die Entwicklung der sekundären Geschlechtsmerkmale, wie den Bartwuchs, sowie das Muskelwachstum steuert und den Geschlechtstrieb in Gang halten hilft. Er erschrickt leichter als Mädchen und macht mehr Bewegungen pro Sekunde. Das Risiko, durch eine Fehlgeburt oder bei der Geburt zu sterben, ist für ihn höher als für Frauen. Und selbst wenn sowohl Männer als auch Frauen heute länger leben als früher, sind es noch immer die Männer, die jünger sterben als Frauen.

»Männliches« Verhalten

Neben den körperlichen Unterschieden gibt es auch einige halbwegs vorhersagbare Unterschiede im Verhalten. Wie ich bereits dargelegt habe, fällt es schwer zu sagen, ob wir Verhaltensweisen sozial vermitteln und verstärken, die dann als männlich bekannt werden, oder ob wir lediglich auf die natürlichen Neigungen der Kinder reagieren. So oder so, Jungen werden Jungen, wie man so schön sagt. Neben den unterschiedlichen Erwartungen, die Eltern an Jungen haben und die zuvor in diesem Kapitel erwähnt worden sind, behandeln sie Jungen auch unterschiedlich, wie Entwicklungspsychologen herausgefunden haben. Väter raufen beispielsweise mit ihren Söhnen häufiger als mit ihren Töchtern im Kindesalter. Sowohl Mütter als auch Väter reagieren, verglichen mit einem weiblichen Säugling, seltener auf stimmliche Äußerungen eines männlichen Säuglings. Sie reagieren stärker auf seine Versuche zu greifen, zu kriechen und zu gehen. Auf Spielplätzen und in Höfen lassen Eltern ihren Jungen größeren Spielraum als den Mädchen. Und Eltern sind eher bereit, Jungen zu Aktivitäten zu nötigen, vor denen sie sich fürchten, als sie dies bei Mädchen tun.

Wie der Vater, so der Sohn?

Mädchen neigen dazu, ihre Mutter nachzuahmen, und Jungen eifern ihrem Vater nach. Oft trifft es zu: Wie der Vater, so der Sohn. Das sollten Männer nicht vergessen. In vielen Familien ist der Vater unter Umständen nicht so oft anwesend wie die Mutter – aber, Vater, ganz gleich, wie oft du anwesend bist, dein Einfluss ist gewaltig. Selbst deine Abwesenheit hinterlässt einen Eindruck. In Studien, die ich durchgearbeitet habe, waren Jungen, deren Vater von ihrer Geburt an bis ins Jugendalter hinein für unterschiedlich lange Zeit abwesend war, weniger selbstbewusst, stärker abhängig, gehorsamer und in ihrer Männlichkeit weniger sicher als Jungen, deren Vater anwesend war. In einer Studie beurteilten Freizeitbetreuer Jungen im Alter zwischen 9 und 14 Jahren, deren Vater seit ihrem vierten Lebensjahr abwesend war und fanden sie im Vergleich zu Jungen, deren Vater anwesend war, stärker von Gleichaltrigen abhängig und weniger zu Spielen geneigt, die mit Körperkontakt einhergehen. Vaterlose Jungen im Alter zwischen 10 und 13 Jahren erzielten in akademischen Eignungstests niedrigere Werte als Klassenkameraden mit Vater. Jungen ohne Vater hatten mehr Schwierigkeiten mit der Selbstbeherrschung und hatten zudem sehr eng gesteckte Frustrationsgrenzen. Und ein Team von Psychologen beobachtete auch, dass Rebellion gegen und Zurückweisung von männlichen Autoritätspersonen unter Heranwachsenden mit abwesendem Vater stärker ausgeprägt waren.

Fehlende Väter

Obwohl Väter heutzutage zunehmend bereit sind, sich als Elternteil stärker einzubringen, fand ich eine Studie, die mich davon überzeugte, dass noch immer zu viele Väter zu wenig Zeit mit ihren Söhnen verbringen. In dieser Studie wurden 300 Jungen des siebten und achten Schuljahres gebeten, zwei Wochen lang sorgfältig die Zeit festzuhalten, die sie allein mit ihrem Vater verbrachten. Die Ergebnisse: Jeder der Jungen verbrachte allein mit seinem Vater durchschnittlich lediglich 7,5 Minuten pro Woche!

Die Folge davon ist, dass viele Jungen ohne starke, präsente und positive männliche Rollenmodelle durchs Leben gehen. Dies kann für einen Jungen auf vielen Ebenen erhebliche Verunsicherungen, also Stress, bedeuten. Ein einfacher Weg, wie ein Vater, Onkel, Bruder oder Großvater den Stress eines Jungen reduzieren helfen kann, besteht demnach darin, sich auf das Abenteuer Kind einzulassen und einfach mehr Zeit mit ihm zu verbringen.

Vater und Sohn – eine stressige Beziehung

Natürlich ist es nicht ganz so einfach. Väter können in Wirklichkeit enorme Stressauslöser sein, besonders für einen Jungen. Während die Überforderung im Leben eines Mädchens oft aus der Überwindung des Konflikts zwischen Versagensangst und der Angst vor dem Erfolg herrührt, liegt die Herausforderung für einen Jungen oft darin, dem Bild eines Mannes gerecht zu werden, der für ihn Supermann darstellt. Stellen Sie sich den Stress vor, sich mit einem Mann messen zu müssen, der größer, stärker, klüger und mächtiger ist und mit dem man die einzige Frau in seinem Leben teilen muss: die Mutter. Kein Wunder, dass so viele junge Männer so ambivalente Beziehungen zu ihrem Vater haben. Kein Wunder, dass die Akzeptanz, die Billigung und die Anteilnahme eines Vaters ziemlich viel bedeuten.

Väter von Söhnen, die hoch gesteckte Ziele erreichen und mit Erfolgsdruck gut zurechtkommen, sind oft kompetente Männer, die bereit sind zurückzutreten, während die Söhne sich profilieren, die sich also »lieber vorne verbeugen, als von hinten schieben«, wie ein Forscher es beschrieb. Auch diese Qualität hilft einem Jungen vermutlich, genug Selbstvertrauen zu entwickeln.

Es setzt einen Jungen aber auch einem erheblichen Maß an Stress aus, wenn er in die Pubertät kommt und allmählich begreift, dass sein Wert als Mann daran gemessen wird, wie gut er Kontrolle ausübt, Initiative ergreift und die anderen Jungen beim Job, bei der Frau oder bei was auch immer aussticht.

»Neue Väter« haben mehr Zeit für ihre Kinder

Aus der komplexen und stressbeladenen Welt von Vater und Sohn ist indessen auch Gutes zu berichten. Seit kurzem gibt es eine neue Art von Vater, einen Vater, der Zeit mit seinen Kindern verbringt, der sie bewusst erzieht und seine Liebe sowohl in Worten als auch in Taten zum Ausdruck bringt. Väter, die glauben, ihre Söhne durch straffe, harte Disziplin zu »echten

Männern« machen zu können, ohne ihre weichere Seite zu zeigen, befinden sich im Irrtum, wie von drei Forschern in getrennten Studien gezeigt wurde. Sie fanden heraus, dass der Einfluss, den ein Vater auf seinen Sohn ausübt, umso größer ist, je mehr Liebe und Lob, aber auch Strafe er zumisst. In den Arm nehmen, sinnvoll Zeit miteinander verbringen und Sympathie zum Ausdruck bringen sind hochwirksame Mittel gegen die Belastungen, die natürlicherweise Teil des Lebens eines Jungen sind.

Medienhelden

In Abwesenheit von Vätern oder auch nur Vaterfiguren – beispielsweise Lehrern, Betreuern, Onkeln – wenden sich viele Jungen den Bildern zu, von denen unser Leben umgeben ist: den Männern in Film und Fernsehen, in der Werbung, in Büchern und Zeitschriften.

Ich denke, dass die Medien Jungen ein gesundes und positives Bild von Männlichkeit und eine Vision vom erfolgreichen Umgang mit Erwartungsdruck bieten. In den meisten Fällen bieten Kino- und Fernsehfilme, Werbespots und von Sponsoren finanzierte Sendungen jedoch lediglich comicartige Zerrbilder. »Action Hero« oder »Actionheld« lautete der in

Lonesome Heroes sind als treu sorgende Väter eher ungeeignet.

den neunziger Jahren geprägte Begriff für die Rollen, die von Publikumslieblingen wie Jean Claude van Damme, Sylvester Stallone, Steven Segal, Chuck Norris oder Arnold Schwarzenegger gespielt wurden. Sie sind die Nachfolger einer früheren Generation mit John Wayne, Gary Cooper oder Errol Flynn. Sie alle sind machtvolle Charaktere, die wenig echtes Gefühl zeigen und auf eigene Rechnung handeln. Sie handeln jetzt und denken später. Als wortkarge Männer lassen sie oft ihre Taten für sich sprechen, während sich ihre Motive im Qualm explodierender Hubschrauber, Brücken, Jeeps und anderer großer Objekte verlieren.

Männer der Tat

Und wie gehen diese Actiondarsteller mit Erfolgsdruck um? Gewöhnlich, indem sie mit ihrer Maschinenpistole in die Menge feuern, mit der Faust durch die Wand gehen oder sich das Hirn an der Bar zudröhnen. Dies sind die Verhaltensweisen, die bei beiden Geschlechtern als der »starke, schweigsame Typ« bekannt sind und bewundert werden. Und es sind Modelle männlichen Verhaltens, die nur schwer sterben – bisweilen im wahrsten Sinne des Wortes.

Nach einem typischen Actionfilm erinnern sich Jungen vor allem daran, dass der aggressive, sich selbst behauptende, selbstsichere und gewalttätige Kerl das Geld, den Krieg, die Frau und – in den Augen des Jungen (und des Filmemachers) – den allgemeinen Respekt zu gewinnen scheint.

Vorbilder für Ihren Sohn

Wer zeigt ihm

> Dass ein Mann zärtlich sein kann?

> Dass ein Mann verlieren kann?

> Dass ein Mann andere pflegen kann?

> Dass ein Mann zuhören kann?

> Dass ein Mann Geduld haben kann?

> Dass ein Mann mit Kindern lustig umgehen kann?

Zu viele Tote gesehen

Die Gewalt hinterlässt einen Eindruck oder vielmehr viele Eindrücke. In einer Studie über Gewalt in den Medien fand sich, dass das durchschnittliche Kind im Alter von zehn Jahren im Fernsehen die Zerstörung von mehr als 6000 Menschen sah. Mit 15 Jahren war der Teenager bereits Zeuge von rund 13000 gewaltsamen Fernsehtoden. In den siebziger Jahren brachten Gesundheitsbehörden das Anschauen von Fernsehsendungen mit aggressivem Verhalten in Verbindung. In den neunziger Jahren können Eltern, die ihre Jungen nach den Zeichentrickfilmen am Sonntagmorgen beobachten, die gleiche Schlussfolgerung ziehen.

Ein Sozialpsychologen-Ehepaar stellte in den sechziger Jahren fest, dass 79 Prozent der Kinder, die sich einen Zeichentrickfilm angesehen hatten, in dem Aggression und Gewalt vorkamen, anschließend beim Spielen einige der Verhaltensweisen nachahmten. Wenn Kinder also eine Menge Morde und andere inhumane Akte an Menschen beobachten, beginnen sie unter Umständen, sie als gegeben zu betrachten. In einer anderen beunruhigenden Studie an 875 Schulkindern, die mit dem achten Lebensjahr begann und sich über 22 Jahre erstreckte, wuchsen an und für sich nicht aggressive Jungen, die jedoch eine Menge Fernsehsendungen sahen, in denen Gewalt vorkam, zu ebenso gewaltgeneigten Männern heran wie die Achtjährigen, die an den Schulen die aggressivsten Schläger waren.

Gewalt im Cyberspace

In den Computerspielen gibt es nach wir vor noch die Superhelden aus längst vergangenen Comiczeiten: »Dragon Man« oder die Soldaten bei »Command and Conquer« oder auch andere. Sie sehen den Comichelden der sechziger Jahre zum Verwechseln ähnlich und verhalten sich auch genauso. Da ist nichts Neues hinzugekommen, sie spielen immer noch die tödliche Mannmaschine, die alles aus dem Weg räumt. Auch die allerneuesten und technologisch ausgefeiltesten Computerspiele bleiben dieser Tradition verhaftet. Diese Spiele haben eine enorme Identifikationskraft. Die kleinen Jungen schauen nämlich nicht nur passiv zu, sondern werden unmittelbar ins Geschehen hineingezogen. Das Cyber-Ich ist omnipotent. Technische Allmacht und persönliche Gewaltphantasien fließen ineinander. Es gibt heute kaum einen 8-, 9- oder 14-jährigen Jungen, der nicht mit glänzenden Augen von solchen oder ähnlichen Spielen erzählt. Wie sollte er sich in seiner Realität dann nicht an derartigen Erlebnissen orientieren.

KUMMER IM KLASSENZIMMER

Druck in der Schule

Angst vor dem Neuen

Seite 68–89

,, Der viel zitierte »Ernst des
Lebens« beginnt für die
meisten Jungen und Mädchen mit
dem Schulanfang. Dabei freuen
sich alle Kinder auf die Schule, sie sind
begierig darauf, endlich Lesen,
Rechnen und Schreiben richtig
zu lernen. ,,

CAROLA ENGLER

Druck in der Schule

Auf die Frage »Was macht dir Sorgen?« antworteten Kinder in der Umfrage »Stress bei Kindern«, dass ihnen die Schule am meisten Sorgen bereite, und die Noten stünden an erster Stelle, wenn sie an Schule dächten. Hier einige Kostproben ihrer Aussagen:

»Berichtsbögen – Schule.«

»Meistens, die Hausaufgaben rechtzeitig fertig bekommen; wenn sie mich erwischen.«

»Vor allem eine gute Note bei Klassenarbeiten zu bekommen, selbst wenn mir klar ist, dass ich alles über das jeweilige Thema weiß.«

»Meine Noten; meine Eltern enttäuschen.«

»Fragen falsch beantworten.«

»Ich mache mir Sorgen um Abgabetermine von Arbeitsprojekten an der Schule. Gewöhnlich, wenn ich mich längere Zeit nicht um ein Projekt kümmere.«

»Versagen in der Schule.«

»Die Dinge in der Schule und andere Sachen geregelt zu bekommen, und dass ich ein 150-Prozentiger und ein Perfektionist bin.«

»Bei Klassenarbeiten keine Eins zu bekommen.«

»Der Tod; Noten.«

»Ob ich meine Hausaufgaben rechtzeitig schaffe.«

»Meinen Vater in der Schule zu enttäuschen.«

Hier wird fürs Leben gelernt!

Die Schule ist, wie wir Erwachsenen jetzt erkennen, ein Übungsplatz fürs Leben. Manche der Lektionen mögen wir vergessen haben – was ist schon eine Raute? Andere wiederum sind uns bis ins Erwachsenenalter hinein geblieben. Ich beziehe mich hier besonders darauf, wie wir mit Stress umzugehen gelernt haben. Und wissen Sie was? Obwohl seit Ihrer eigenen Schulzeit Jahre vergangen sind, begegnen Kinder dort noch heute den gleichen Stressoren. Gegenwärtig sehen sich Kinder in der Schule erheblich mehr Anforderungen gegenüber, als dies bei uns je der Fall war. Viele Eltern aus den Jahrgängen des Babybooms und danach haben ihren Kindern ein derartiges Konkurrenzdenken eingeimpft, dass der Druck, gute Noten zu bekommen, um in eine gute weiterführende Schule zu kommen, schon bei der Einschulung einsetzt. Und da Personalkürzungen auch jetzt im beginnenden 21. Jahrhundert zu den häufigsten Managementformen gehören, ist der Wettbewerb um einen guten Job sogar noch um einiges stärker als die Sorgen der Eltern.

Gute Erziehung und Ausbildung sind wichtig. Solange Sie nicht ein Schauspieler mit toller Figur, ein Spitzensportler oder ein Mündel mit großem Vermögen sind, entscheiden Erziehung und Ausbildung darüber, ob es Ihren Kindern gelingt, sich ein persönlich und finanziell erfülltes Leben aufzubauen. Bei diesem Herumreiten auf den schulischen Leistungen der Kinder überrascht es nicht, dass diejenigen, die auf meine Umfrage reagierten, die Schule als stärksten Stressfaktor in ihrem Leben benannten.

Wie Eltern helfen können

Sollte Ihr Kind an Tagen, an denen eine Klassenarbeit ansteht, über Bauchschmerzen klagen, haben Sie ein wenig Mitgefühl! Das Schlimmste, was Sie tun können, ist, es zu ignorieren oder seine Klagen herabzuwürdigen. Ihr Kind erlebt ein körperliches Symptom, das durch seine Sorgen um die schulischen Leistungen hervorgerufen worden ist – Sorgen, die Sie und die übrige Gesellschaft durchaus mitbedingt haben können.

Geben Sie seinen Protesten jedoch nicht nach, und erlauben Sie ihm nicht automatisch, zu Hause zu bleiben. Wenn Kinder erst einmal erkennen, dass sie Belastendem – in diesem Fall der Schule – ausweichen können, indem sie ihre Symptome hochspielen und auf Ihre Sympathien setzen, so werden sie dieses Verhalten mit größerer Wahrscheinlichkeit erneut einsetzen und nicht lernen, mit dem Druck zurechtzukommen. Seien Sie in diesem Punkt unnachgiebig. Und machen Sie es zur stehenden Regel in Ihrer Familie: Du sollst täglich zur Schule gehen, solange du nicht wirklich krank bist oder eine schwere Familienkrise eintritt.

Statt die Sorgen Ihres Kindes zu ignorieren oder ihnen nachzugeben, ist es besser zuzulassen, dass sich Ihr Kind darüber ausspricht. Erzählen Sie ihm, dass auch Sie in schulischen Belangen nervös waren. Sie sollten auch bei jeder neuen Stufe in der schulischen Laufbahn auf Aufregungen von gleicher Intensität vorbereitet sein, nämlich zu Beginn der Haupt-, Realschule bzw. des Gymnasiums, der zehnten Klasse und des Kurssystems, mit Beginn einer Ausbildung oder Lehre oder sogar bei Universitätseintritt. Erzieherinnen und Eltern haben allerdings festgestellt, dass der erste Übergang zur nächsten Schule – nach der Grundschule – der belastendste ist, vielleicht, weil zu diesem Zeitpunkt die Wirklichkeit einsetzt und das Kind zu erkennen beginnt, dass seine Leistung genau beobachtet wird und bis zu einem gewissen Grad auch über seine Zukunft entscheidet.

Die Schule macht Spaß!

Sie können Ihrem Kind allerdings sogar schon lange vor dem Eintritt in den Kindergarten helfen, eine positive Einstellung zur Schule zu gewinnen. Das nimmt nicht nur Druck, sondern hilft auch, eine positive Erwartungshaltung zu schaffen. Nutzen Sie, noch während Ihr Kind im Kleinkindalter ist, immer wieder Gelegenheiten, um hervorzuheben, um wie viel lustiger sein Leben durch die Schule werden wird. Erzählen Sie ihm, wenn es etwas kaufen möchte, wie Rechnen ihm helfen wird festzustellen, ob es für das Gewünschte genug Geld hat. Zeigen Sie in der Videothek auf einzelne Buchstaben der Filmtitel, und sagen Sie ihm, dass es seine Filme selbst aussuchen können wird, sobald es in der Schule lesen gelernt hat. Bringen Sie ein älteres Kind – gegebenenfalls eine Schwester oder einen Bruder –

dazu, ihm von den lustigen Seiten der Schule, etwa von Klassenfahrten oder Schulausflügen, zu erzählen.

Beteiligen Sie ferner ein kleines Kind an der Vorbereitung auf die Schule, indem Sie es zum Kauf von Schulkleidung mitnehmen, indem Sie ihm helfen, sich Schulhefte zu besorgen und in seinem Zimmer einen Arbeitsbereich einzurichten. Helfen Sie Ihrem Kind, dass es sich seiner Mühe, sich vorzubereiten und diese neue Erfahrung in den Griff zu bekommen, bewusst wird. Allein das Bewusstsein darüber wird bewirken, dass es sich gegenüber dem dräuenden Unbekannten besser fühlt.

Sie müssen Ihrem Kind auch versichern, dass – obwohl der Stress real ist – es sich nach und nach an die neue Umgebung sowie an die neuen Stundenpläne, Menschen und Herausforderungen anpassen wird. Bei den meisten Kleinen werden die Kopf- und Bauchschmerzen sowie die übrigen Symptome rasch verschwinden. Bei manchen dauert es etwas länger.

Mit Lehrern und Eltern reden

Halten die Symptome länger an, als Ihnen lieb ist, und führen alle Versicherungen bei Ihrem Kind zu nichts, sollten Sie einen Termin beim Lehrer bzw. bei der Lehrerin Ihres Kindes oder beim Schulpsychologen vereinbaren. Sprechen Sie auch mit anderen Eltern aus der Klasse, um herauszufinden, ob auch deren Kinder ungewöhnlich gestresst sind. Unter Umständen liegt das Problem nicht bei Ihrem Kind, sondern tatsächlich bei der Schule.

Ist Ihr Kind auf die Schule vorbereitet?

Es liegt nahe, eine Verbindung zu der Angst eines Kindes an jenem ersten Tag im Kindergarten herzustellen. Ihr kleines Baby ganz allein unterwegs! Die Trennungsangst kann auf beiden Seiten gleich groß sein. Manche Eltern sorgen sich darum, dass ihr Kind auf diesen großen Schritt zwar vielleicht intellektuell, nicht jedoch emotional vorbereitet ist. Woran erkennen Sie also, ob Ihr Kind schulreif ist?

Wie selbstständig ist Ihr Kind?

Auf die Anforderungen in der Schule ist ein Kind vorbereitet, wenn es in guter körperlicher Verfassung ist und gut sieht und hört, deutlich spricht und altersgemäße Sprachfertigkeiten zeigt. Wenn es über Fertigkeiten der Selbstpflege (Ankleiden, Essen, Waschen, Ausscheiden) verfügt, wenn es Anweisungen Folge leistet, die Beaufsichtigung und Hilfe von Erwachsenen akzeptiert, sich gut konzentrieren kann, sich auf Dinge einlässt, mit anderen teilt und mit ihnen spielt. Ihr Kind sollte in der Lage sein, unabhängig zu arbeiten, und Frustration und Versagen bis zu einem gewissen Grad ertragen. Es sollte Veränderungen leicht mitmachen und natürlich seinen vollen Namen und die vollen Namen seiner Eltern kennen.

Zwingen Sie ein Kind in die Schule, bevor es dazu bereit ist, setzen Sie es einer höchst belastenden Situation aus, in der es sich stets fühlt, als versuche es, alle anderen einzuholen. Das ist keinem Kind gegenüber fair, am wenigsten Ihrem eigenen gegenüber. Es handelt sich um eine Entscheidung, die für jedes Kind individuell getroffen werden muss. Wenn Sie meinen, diese Entscheidung nicht allein treffen zu können, sprechen Sie mit Schulberatern und Psychologen, die mit Ihrem Kind unter Umständen Tests durchführen, um festzustellen, ob es für die Schule bereit ist.

Angst vor dem Neuen

Die Furcht vor dem Unbekannten hat großen Anteil an Versagensängsten bei Schulbeginn. Erzählen Sie Ihrem Kind so viel wie möglich von dem, was es zu erwarten hat. Beschreiben Sie die räumliche und körperliche Situation, erläutern Sie den Stundenplan, sprechen Sie über die Dinge, die Ihr Kind lernen wird, und erwähnen Sie Freunde und Freundinnen, die es dort treffen wird. Es ist sogar gut, vor der Einschulung mit dem Kind aufs Schulgelände zu gehen und ihm, soweit möglich, zu zeigen, wo sich sein Klassenzimmer befinden wird.

Klare Aussagen helfen Eltern und Kindern

Zu Anfang ist es das Wichtigste, Ihr Kind stets wissen zu lassen, wer am Ende dieses langen Tages da sein wird – selbst wenn es nicht das Ende seines Schultages, sondern Ihres Arbeitstages ist. Indem Sie diese Verpflichtung einhalten, zeigen Sie Ihrem Kind, dass Menschen auch tatsächlich da sein werden, wenn sie es gesagt haben. Und Sie geben ihm zu verstehen, dass dasselbe auch von ihm erwartet wird.

Rechnen Sie damit, dass in den Tagen und Wochen vor Schulbeginn allmählich Stresssymptome auftreten. Ihr Kind wird fragen, wer von der Familie wann und wo ist, sowie andere, umfassendere Fragen stellen, die keinen Sinn machen, solange Sie sich nicht vorstellen, wie sich das Rad der Sorgen im Kopf Ihres Kindes dreht. Ist Ihr Kind reizbar und launisch geworden? Gibt es irgendwelche Veränderungen in den Ess- oder Stuhlgewohnheiten?

Auch wenn es schwer fällt: Ein fröhliches Lachen erleichtert den Abschied.

Rechnen Sie beim Herannahen des ersten Schultages mit Schlaflosigkeit oder Schlafstörungen, mit Träumen und Alpträumen. Fragen Sie dann Ihr Kind, ob es sich an irgendwelche Träume der vergangenen Nacht erinnert, um vielleicht herauszufinden, was es am meisten ängstigt.

An jenem Tag sind dann Ihre Handflächen vielleicht feuchter als die Ihres Kindes, und zusammen mit seiner eigenen Angst nimmt es dann auch Ihre Nervosität in sich auf. Seine feuchte Hand klammert sich um Ihre feuchte Hand, während Sie beide das Klassenzimmer betreten, und keiner von beiden möchte loslassen. Das ist der Moment, in dem bei Ihnen beiden das Jammern, Weinen, Sich-Anklammern und die Bauchschmerzen losgehen! Sie machen sich Sorgen, dass Ihr Kind den ganzen Tag weinen könnte, wenn Sie jetzt fortgehen, dass Sie es aber andererseits verwöhnen und seine Abhängigkeit fördern, wenn Sie im Klassenzimmer bleiben oder es wieder mit nach Hause nehmen. Was sollen Sie tun?

Auch Eltern stresst der Schulbeginn

Die folgenden Anregungen helfen Ihnen beim Abschiednehmen. Sie gelten für den Schulbeginn in ähnlicher Weise wie für den Eintritt in Kindergarten oder Spielgruppe.

Halten Sie die eigenen Ängste unter Kontrolle. In manchen Studien hat sich gezeigt, dass Kinder umso mehr Stress verspüren, je mehr Stress die Eltern zeigen. Das macht Sinn. Machen Sie deshalb möglichst einen tapferen Eindruck. Erinnern Sie sich daran, dass Sie überlebt haben, als Sie jung waren, und beherrschen Sie Ihre Angst – auch wenn es nur zum Schein ist.

Schleichen Sie sich nicht aus der Schule davon. Wie würden Sie sich fühlen, wenn jemand, den Sie lieben und dem Sie vertrauen, mitten in einer Krise plötzlich verschwände? Sie würden diese Person für unhöflich und nicht vertrauenswürdig halten – und Sie würden es nicht vergessen.

Schimpfen Sie nicht, und bringen Sie Ihr Kind nicht in Verlegenheit. Denken Sie daran, dass die Gefühle der Kinder für sie selbst sehr real sind. Sie verspüren nicht nur die Angst vor dem Unbekannten und Furcht vor dem Zusammensein mit Fremden, sondern fürchten sich auch vor dem Verlassenwerden. Das ist ein instinktiver Selbstschutz und nicht notwendigerweise schlecht. Wenn sie mit Ihrem Kind schimpfen oder es ein Baby nennen, nehmen Sie ihm den Mut, seinem natürlichen Überlebenswillen zu vertrauen.

Schalten Sie um. Bringen Sie Ihr Kind dazu, sich auf das zu konzentrieren, was es bekommt, und nicht auf das, was es aufgibt. Wenn es ein Mädchen ist, stellen Sie es einem Lehrer oder Erzieher vor, von dem Sie annehmen, dass es ihn mag. Zeigen Sie einem Jungen interessante Spielzeuge oder Bauklötze. Sorgen Sie für Einzelheiten. Sagen Sie Ihrem Kind genau, wie lange es in der Schule, im Kindergarten bzw. in der Spielgruppe bleiben wird. Sagen Sie ihm genau, wo Sie in dieser Zeit sein und was Sie tun werden. Sagen Sie ihm genau, wann und wo Sie oder jemand anderes das Kind abholen wird. Und seien Sie dann auch da!

Seien Sie klar. Versichern Sie Ihrem Kind, dass Sie fünf Minuten bleiben, dann aber gehen werden. Haben Sie es einmal gesagt, versuchen Sie nicht, einen Rückzieher zu machen, das würde die falsche Botschaft vermitteln. Natürlich müssen Sie flexibel sein, wenn Ihr Kind vollkommen verschreckt ist, einnässt oder unkontrollierbar zittert. Vielleicht erleichtert es Sie jedoch zu wissen, dass das Ausmaß der Belastungen während der ersten Woche Untersuchungen zufolge in keinem Verhältnis zur Anpassung des Kindes nach sechs Monaten steht.

Lassen Sie möglichst den Vater »Absetzspezialist« sein. Aussagen von Lehrern zufolge weinen Kinder weniger und machen weniger Schwierigkeiten, wenn sie vom Vater statt von der Mutter in die Schule gebracht werden. In diesem Fall, liebe Mutter, wirkt die traditionelle Verteilung der Geschlechterrollen unter Umständen einmal zu Ihrem Vorteil.

Auf sich selbst gestellt

Schon bald werden der erste Tag im Kindergarten oder das morgendliche Loslassritual vor der Schule Ihnen und Ihrem Kind wie eine ferne Erinnerung erscheinen. Nächstes Jahr geht es jedoch vielleicht von neuem los, mit einem weiteren Schritt in die Unabhängigkeit – und einer neuen Gelegenheit zum Angsthaben. Dieser Schritt kommt, wenn Sie sich an der Haus- oder Wohnungstür von Ihrem Kind verabschieden und es allein zum Schulbus oder den ganzen Weg zur Schule geht.

Viele Kleine, die den Schulbus nehmen, sind in dem Augenblick von Furcht geschlagen, in dem sie in den riesigen Wagen klettern. Während das Kind den Gang hinuntergeht und nach einem freundlichen, vertrauten Gesicht Ausschau hält, sieht es meist nur andere verängstigte kleine Gesichter, die zurückstarren. Oder es sieht ältere, sehr selbstbewusst wirkende Kinder, was seine Unsicherheit nur noch erhöht. Vielleicht sieht es auch Cliquen von Kindern, die es hänseln.

Ein Weg, die Angst eines Kindes vor dem Schulbus abzuschwächen, besteht darin, es mit einem Spielkameraden oder einer Spielkameradin an der Haltestelle warten oder im Bus einen Freund oder eine Freundin treffen zu lassen. Das können Sie vorher mit den Eltern des anderen Kindes besprechen oder den Kindern sagen, sie mögen sich gegenseitig Plätze freihalten. Sie können sich auch mit dem Fahrer arrangieren und ihn darauf aufmerksam machen, dass all dies für Ihr Kind neu ist und es sich ein wenig fürchtet. Stellen Sie Ihr Kind dem Fahrer vor; nennen Sie dabei, soweit angemessen, den Vornamen. Wenn Sie die ersten Male mit Ihrem Kind zur Bushaltestelle gehen, so stellen Sie es den dort wartenden Kindern vor. Stellen Sie sich anderen Eltern vor, damit Ihr Kind sieht, dass Sie als

Ein Gespenst unterm Bett!

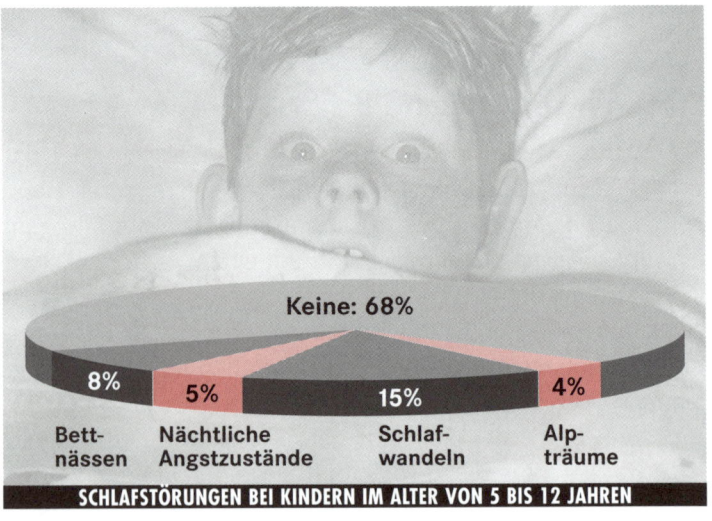

Keine: 68%

8% — Bettnässen

5% — Nächtliche Angstzustände

15% — Schlafwandeln

4% — Alpträume

SCHLAFSTÖRUNGEN BEI KINDERN IM ALTER VON 5 BIS 12 JAHREN

Ärzte Zeitung, 03.04.2000

Schlafstörungen bei Kindern werden leicht unterschätzt. Dabei sind – vorsichtigen Schätzungen zufolge – fast ein Drittel aller Kinder davon betroffen. Hauptursache ist u. a. ein zu langer Fernsehkonsum.

Rollenvorbild handeln. Sie können sich gegenseitig helfen, mit dieser belastenden Situation zurechtzukommen.

Den Schulweg einüben

Sollte Ihr Kind zu Fuß in die Schule gehen, machen Sie den Weg vor dem ersten Tag einmal mit ihm gemeinsam. Gehen Sie mit ihm, und erinnern Sie es an das Wesentliche: Schau erst nach links und dann nach rechts, und überquere die Straße nur auf dem Zebrastreifen. Sorgen Sie dafür, dass es mit einem Freund oder einer Freundin zur Schule geht, der bzw. die hoffentlich schon älter ist.

Stellen Sie den Wecker schon eine Woche vor dem eigentlichen Schulbeginn auf die neue Weckzeit ein, um Ihr Kind auf die ersten Male vorzubereiten, an denen es morgens früher als gewöhnlich aufstehen muss. Sie können Termine beim Arzt machen oder sich andere Gründe suchen, deretwegen es aufstehen und vor allem wach bleiben muss. Der schwierige Teil dieser Aufgabe besteht natürlich darin, Ihr Kind am Abend zuvor davon zu überzeugen, zu einer für die Schule vernünftigen Zeit schlafen zu gehen. Seien Sie konsequent, wenn es ums Schlafengehen geht. Müdigkeit bei Kindern ist für alle Beteiligten anstrengend.

Besprechen Sie mit Ihrem Kind, wie es dabei helfen kann, sein Frühstück vorzubereiten. Gehen Sie zusammen einkaufen, damit es sich zum Frühstück Dinge aussuchen kann, die es mag und die obendrein gesund sind, wie beispielsweise Saft, Obst, Müsli und Milch. Machen Sie es ebenso mit der Pausenmahlzeit. Packen Sie ein, was es essen mag, aber sorgen Sie für gesunde Energieträger, um Ihr Kind durch den restlichen Tag zu bringen.

Den Tag in aller Ruhe beginnen

Der Beginn eines Tages kann über seine Stimmung entscheiden. Wenn jede/r morgens um sieben Uhr wie verrückt im Haus umherrennt, wobei Sie sich selbst und Ihre Kinder in die

Reihe bringen, fühlen Sie sich schon müde, wenn Sie um 8.30 Uhr an Ihrem Schreibtisch sitzen. Um dies zu vermeiden, gehen Sie auf doppelte Weise vor: Bereiten Sie möglichst viel frühzeitig vor, und erwarten Sie das Unerwartete. Schmieren und verpacken Sie die Butterbrote schon am Abend zuvor, und regen Sie sich nicht auf, wenn jemand seine Milch verschüttet, denn irgendwann wird genau das geschehen. Planen Sie Zeit für das Unerwartete ein, auf diese Weise wird es Sie nicht überraschen. Rechtzeitig ins Bett zu gehen ist eine phantastische Art, den neuen Tag zu beginnen. Sorgen Sie dafür, dass Ihr Kind die Bedeutung des Zubettgehens respektiert. Erklären Sie ihm: »Es ist keine Strafe, sondern es soll dir genügend Energie geben, um morgen Spaß zu haben.«

Unangenehme Klassenkameraden

Die soziale Welt, in die Ihr Kind hineingeworfen wird, verursacht eine Menge Stress, bisweilen mehr als die Hausaufgaben. Kinder können untereinander sehr grausam sein. Und wie zu Ihrer eigenen Schulzeit können Sie auch jetzt sicher sein, dass es in jeder Klasse wenigstens einen Raufbold gibt. Wie gut Ihr Kind mit dem »dicken Max« oder der »starken Trine« der Klasse zurechtkommt, wird ihm helfen, während es heranwächst, denn Sie wissen ja nur zu gut, dass es auch in anderen gesellschaftlichen Kreisen, ob unter Bürokraten oder Restaurantbediensteten, »harte Typen« gibt, mit denen es sein ganzes Leben lang zu tun haben wird.

Unabhängig vom Alter sind »harte Typen« stets auf der Suche nach Spielchen oder einem Kampf, selbst wenn sie es nur spielen. Um Ihrem Kind zu helfen, mit solchen Spielern zurechtzukommen, halten Sie es zunächst einmal dazu an, sich nicht auf so ein Spiel einzulassen. Das allein kann die betreffende Person unter Umständen schon entmutigen, denn selbst Raufbolde und »harte Typen« brauchen jemanden, der beim Herumgeschubse mitmacht. Sagen Sie Ihrem Kind, es möge unnachgiebig bleiben, der betreffenden Person gerade in die Augen schauen und sagen, dass es weder Angst hat noch sich prügeln will. Eine andere Taktik besteht darin, die Versuche der Händel suchenden Person vollkommen zu ignorieren. Sagen Sie Ihrem Kind: »Du kannst einfach weggehen. Wiegele nicht auf, und drohe nicht mit dem großen Bruder. Wende dich einfach ab, und gib nicht einmal zu erkennen, dass du die Beleidigung gehört hast.«

Ohne Opfer kein Schläger

Ein weiterer Ansatz besteht darin, einfach stehen zu bleiben und den Schläger schwadronieren und lärmen zu lassen – solange keine Verletzungsgefahr besteht. Sagen Sie Ihrem Kind, dass es dem Schläger lediglich Macht verleiht, wenn es reagiert: Keine Reaktion – keine Befriedigung seiner Vorstellungen! Nach und nach ermüdet es vielleicht den Schläger. Sagen Sie Ihrem Kind aber auch, dass ein Raufbold bisweilen gefährlich ist und es sich dann so rasch wie möglich davonmachen sollte: »Vergiss die äußere Form. Vergiss auch die Verteidigung der ›Männlichkeit‹ oder der ›Familienehre‹. Mach dich davon.« Erinnern Sie es daran, dass es kein Opfer sein kann, wenn es nicht anwesend ist. Und ein Schläger kann kein Schläger sein ohne jemanden, auf den er einschlägt.

In einer Studie wurde festgestellt, dass sich die Anzahl von der Grundschule verwiesener Kinder in den letzten zehn Jahren vervierfacht hat. In der Mehrzahl handelt es sich dabei um Jungen, und der Hauptgrund für den Verweis von der Schule war körperliche Aggression. Und hier kommt der entsprechende Auslöser. Bei der Untersuchung der von der Schule Verwiese-

So entsteht Gewalt

Einer Untersuchung zufolge sind Einflüsse in folgender Reihenfolge dafür verantwortlich, dass es zu aggressiver Konfliktlösung kommt:

Konsum von Gewalt- und Horrorfilmen

Aggressiv orientierte Freundesgruppe

Ausgrenzende Schülerbeziehungen, d.h. fehlende Anerkennung, scharfe Konkurrenz

Männliches Geschlecht

nen formulierte der leitende Wissenschaftler: »Was wir fanden, war ein ungeheures Ausmaß an Stress.« Geben Sie daher Eltern von Raufbolden an der Schule ein Exemplar dieses Buches, denn sie sind es, die bessere Vorgehensweisen finden müssen, um ihren Kindern beim Umgang mit Überforderungen zu helfen.

Es lässt sich endlos darüber diskutieren, warum es unter Kindern körperlich aggressives Verhalten gibt. Eine Erklärung besteht darin, dass amerikanische Kinder einer Umfrage zufolge im Fernsehen 8000 Morde und 100000 andere Gewaltakte sehen, bevor sie die unteren Jahrgänge der Oberschule erreichen. Sie können auch die Wirtschaft verantwortlich machen. Kinder aus armen Familien oder sozialen Randgruppen, welche die Hoffnung auf die ständig versprochene gute Zukunft verloren haben, machen sich nach Umfragen keine Gedanken um die Folgen von Gewalt.

Mit Aggressionen umgehen lernen

Unabhängig von den Ursachen und solange es nicht auf breiter Basis zu einem plötzlichen gesellschaftlichen Wandel kommt, müssen wir unseren Kindern beibringen, wie sie mit aggressiven Menschen zurechtkommen. Versuchen Sie, Ihrem Kind einige der folgenden Möglichkeiten nahe zu bringen:

»Zieh keine Aufmerksamkeit auf dich. Weiche wenigstens nicht von deinem normalen Verhalten ab, wodurch du Probleme auslösen könntest. Farben zu tragen, die zu denen einer örtlichen Bande passen, ist keine besonders gute Idee. Es ist auch nicht klug, eine Gruppe von Schlägern zu hänseln, nur um sie zu ignorieren, wenn sie dich dann bedrohen.«

»Geh nicht allein. Beweg dich zu zweit oder in einer Gruppe, vor allem dort, wo sich bekanntermaßen häufig harte Typen aufhalten.«

»Strahle Selbstvertrauen aus, auch wenn das ein wenig Schauspielerei erfordert. Wenn du jedoch mit geraden Schultern und aufrecht statt gebeugt-schlurfend gehst, kannst du durchkommen. Wende den Blick nicht ab, und beschleunige auch nicht den Schritt, wenn jemand sich dir nähert.«

»Häng nicht an deinem Besitz. Wenn dich jemand angreift und dich zwingt, ihm deine Uhr, ein neues Paar Turnschuhe oder irgendeinen anderen Gegenstand zu geben, so tu es, und tu es rasch. Materieller Besitz ist ersetzbar, dein Leben nicht.«

»Fürchte dich nicht, hin und wieder auch ein wenig zu klatschen. Über jemanden schlecht zu reden ist gewöhnlich nichts Gutes, aber manchmal muss es jemand tun, sonst würde ein gefährlicher Schläger nie erfahren, dass sein Verhalten nicht toleriert wird.«

Raten Sie Ihrem Kind, es Ihnen zu erzählen, wenn es ständig von jemandem belästigt wird, und beschließen Sie dann gemeinsam den nächsten Schritt.

Furcht einflößende Lehrer

Wenn man klein ist, machen Lehrer Angst, weil sie alles zu wissen scheinen und man selbst nichts weiß. Später, im Teenageralter, machen sie einem Angst, weil sie nichts zu wissen scheinen und man selbst alles weiß. In jedem Fall machen sie immer Angst, weil sie unabhängig davon, ob man sie respektiert oder nicht, die Macht haben, einem eine gute oder eine schlechte Note zu geben. Die eigene Zukunft scheint in ihrer Hand zu liegen, sie sind Herren der Lage.

Irgendwann in Ihrem Leben als Schüler oder Student gab es jedoch hoffentlich wenigstens einen Lehrer, den Sie gern mochten, für den Sie Ihr Bestes zu geben bereit waren. Außerdem gab es wenigstens einen, der ein absolutes Ekel war, ein humorloses Monster, dem es Freude bereitete, Sie vor Ihren Klassenkameraden niederzumachen, einen Zuchtmeister, mit dem sie das ganze Schuljahr über im Clinch lagen – und die Abschlussnoten waren der beste Beweis dafür!

Wie bereits erwähnt, hilft es Ihnen beim Verständnis dessen, was Ihr Kind durchmacht, wenn Sie sich Ihre eigenen Erfahrungen in der Kindheit wieder ins Gedächtnis rufen. Sie können davon ausgehen, dass auch technologische Fortschritte und 1000 Kabelkanäle nichts an den Grundlagen des Heranwachsens geändert haben.

Kinder werden immer Lehrer haben, die sie fürchten, und solche, die sie mögen. Manchmal ist es einfach eine Frage des Zufalls. Erklären Sie das Ihrem Kind. Sollte ein Lehrer für strenges Einhalten der Disziplin bekannt sein, so können Sie Ihr Kind gegen diese Erfahrung abhärten, indem Sie ihm raten, sich in den Stunden mit diesem Lehrer von seiner besten Seite zu zeigen.

Was genau macht Angst?

Sollte Ihrem Kind der kalte Schweiß ausbrechen, wenn es auch nur darüber spricht, zu einem bestimmten Lehrer ins Klassenzimmer zu gehen, ist es unter Umständen an der Zeit, es eingehender zu befragen. Fragen Sie zunächst einmal, was genau ihm an diesem Lehrer so sehr Angst macht. Wenn es nur darum geht, dass es sich fürchtet, drangenommen zu werden, wenn es seine Hausaufgaben nicht gemacht hat, ist die Lösung einfach: Es sollte seine Hausaufgaben erledigen. Sie können auch mit anderen Eltern und Kindern sprechen, um herauszufinden, ob die Furcht allgemeiner Natur ist.

An der großen, schwarzen Tafel kann sich ein Kind furchtbar verlassen fühlen.

In diesem Fall kann Ihr Sprössling ein wenig Erleichterung in dem Gedanken finden, nicht allein zu sein. Es mag sich dann um jenen Teufelslehrer handeln, der jede Klasse in Angst und Schrecken versetzt und als eine Art Initiationsritual vor dem Schulabschluss gilt. Sie können Ihrem Kind dann sagen: »Denk doch mal, wenn du diesen Lehrer überstehst, wirst du in die Geschichte der Schule eingehen!«

Ebenso können Sie auch mit der Schulverwaltung sprechen und, ohne Ihrerseits Beleidigungen auszustoßen, diplomatisch herauszufinden versuchen, ob dieser Lehrer seinen Schülern jedes Jahr wieder von neuem Sorgen bereitet.

Vielleicht durchlebt dieser Lehrer selbst eine schlimme Zeit, während Ihr Kind seinen Unterricht besucht, etwa wegen des Verlustes eines geliebten Menschen oder weil bei ihm eine schwere Krankheit festgestellt wurde. Unter Umständen lässt der Lehrer seine eigenen Sorgen an den Schülern aus. In diesem Fall ist sich die Schulverwaltung dessen vielleicht nicht bewusst, und Sie würden den Schülern einen Dienst erweisen.

Es gibt noch eine Alternative, der ich jedoch mit gemischten Gefühlen gegenüberstehe. Ich würde sie nur bei hochsensiblen Kindern empfehlen, die mit einem bestimmten Lehrer besondere Probleme haben. Manchmal wird da von einem Kind einfach zu viel verlangt. In diesem Fall können Sie darum bitten, dass Ihr Kind in eine andere Klasse versetzt wird. Ihrem Kind könnte dies jedoch wiederum vermitteln, dass es bei einem Aspekt des Lebens, den es nicht mag, erwarten kann, »versetzt« zu werden, und sich nicht damit beschäftigen muss. Diese Botschaft ist in manchen Fällen passend, in anderen aber wieder nicht – nutzen Sie Ihren gesunden Menschenverstand, um dies zu beurteilen. Wenn Sie Ihr Kind dazu ermutigen können, mit einem miesen Kerl zurechtzukommen, so erweisen Sie ihm unter Umständen einen großen Dienst – wenn nämlich später der Chef an seinem ersten Arbeitsplatz sich als Monstrum erweisen sollte.

Die Hausaufgaben – Himmel oder Hölle?

Von dem sozialen Dschungel einmal abgesehen, spielt sich der wirkliche Schulstress zu Hause ab, etwa bei den Hausaufgaben. Einer Umfrage zufolge leiden schon Siebenjährige aufgrund von Hausaufgaben und Tests an Stresssymptomen bis zu dem Punkt, an dem sie über Suizid nachdenken. In dieser Studie fand sich, dass der steigende Erfolgsdruck das schulische Arbeiten zu einer der Hauptsorgen im Leben eines Kindes gemacht hat. Besonders hob die Studie den Druck der Eltern, Befürchtungen hinsichtlich der Zukunft und die Tatsache hervor, dass die Kinder niemanden hatten, mit dem sie über ihre Sorgen sprechen konnten.

In den USA verbringen Schüler abends etwa ein bis eineinhalb Stunden mit Hausaufgaben, nachdem sie zumeist den ganzen Tag in der Schule waren. Bei manchen zieht es sich über den ganzen Abend hin, wieder andere schaffen es gar nicht. Als Eltern kennen wir die Vorteile, die es hat, Kinder zum vollständigen Erledigen ihrer Hausaufgaben anzuhalten. Offen gesagt geht es nur zum geringen Teil um das Beherrschen der jeweiligen Thematik, obwohl dies nicht unterschätzt werden sollte. Bei den wichtigeren Lektionen im Bewältigen von Hausaufgaben geht es um das Üben von Konzentration, Organisation und Selbstbeherrschung, um das Besiegen der Verzögerungstaktik und das Einhalten von Terminen.

Einen Plan erstellen

All dies ist jedoch unter Umständen noch kein hinreichend überzeugendes Argument, um ein Kind dazu zu bringen, die Musikanlage abzuschalten, seine Schwester bzw. das Brüderchen nicht mehr zu necken und sich von Internetfreunden auf der ganzen Welt zu verabschieden, um schließlich den Satz des Pythagoras zu lernen. Es folgen einige Hinweise, wie Sie Ihr Kind in Hausaufgabenstimmung versetzen können. Der Schlüssel liegt darin, einen Plan zu erstellen, dem das Kind folgen kann, denn obwohl oft das Gegenteil behauptet wird, lieben Kinder die Regelmäßigkeit der Dinge.

Ein fester Ort und eine feste Zeit

Gestalten Sie einen Platz zum Arbeiten. Helfen Sie Ihrem Kind, einen Ort zu finden, an dem es sich bei seinen Hausaufgaben am wohlsten fühlt. Das könnte etwa ein Schreibtisch in seinem Schlafzimmer sein – muss es aber nicht. Auch der Küchentisch ist in Ordnung, solange dort nicht eine Menge Hin und Her und Ablenkung herrschen. Ganz sicher lässt sich sagen, dass der Platz vor dem Fernseher nicht geeignet ist, obwohl Kinder felsenfest behaupten, es sei der beste. Welchen Ort auch immer sich ein Kind aussuchen mag, helfen Sie ihm, diesen Ort als optimale Arbeitsumgebung zu gestalten: mit einer ausreichenden Beleuchtung, viel freier Fläche, einem bequemen Arbeitsstuhl, der allerdings nicht zu bequem sein sollte, Schubladen für Schreibutensilien, Regalen für Lexika und andere Schulbücher sowie mit Ablagen und Fächern für Hefte. Machen Sie diesen Ort zu seinem Ort für Hausaufgaben. Jedes Familienmitglied sollte dies wissen und die Unverletzlichkeit dieses Arbeitsplatzes für Hausaufgaben respektieren. Bestehen Sie auch auf ein Mindestmaß an Ordnung. Das schützt vor Ablenkung. Ebenso sollte mit den Lernmaterialien sorgsam umgegangen werden. Dazu gehört auch eine lesbare Schrift.

Erstellen Sie einen Zeitplan für die Hausaufgaben. Setzen Sie entsprechend der Neigung von Kindern zu festgelegter Routine eine Zeit für Hausaufgaben fest – ohne Wenn und Aber. Dies kann direkt nach der Schule, nach dem Essen oder nach der Lieblingssendung im Fernsehen sein. Ganz gleich, welche Zeit es ist, helfen Sie Ihrem Kind, daran festzuhalten – zur gleichen Zeit, am gleichen Ort und jeden Tag. Wenn es keine Hausaufgaben hat, empfehle ich, es dazu anzuhalten, aus freien Stücken zu lesen, etwa Bücher, die nicht unbedingt auf seinem Lehrplan stehen, um die Gewohnheit des Hausaufgabenmachens aufrechtzuerhalten.

Das Schwierigste sollte als Erstes erledigt werden. Legen Sie Ihrem Sprössling nahe, die schwierigste Aufgabe, diejenige, die am meisten Unbehagen verursacht, zuerst zu erledigen. Denn das bedeutet, dass es anschließend nur noch einfacher werden kann. Der Stresspegel sinkt, und das Kind beendet seine Aufgabe in positiver Stimmung, die es motiviert, den Faden am nächsten Abend an der gleichen Stelle wieder aufzunehmen.

Elterliche Unterstützung

Überwachen Sie den Fortschritt Ihres Kindes. Als Elternteil besteht Ihre Aufgabe nicht darin, die Hausaufgaben zu erledigen, sondern darin, unterstützend zur Verfügung zu stehen und dafür zu sorgen, dass die Aufgaben für den nächsten Tag bearbeitet werden. Machen Sie es zu einem Bestandteil Ihres Zeitplans, die Hausaufgaben Ihres Kindes durchzusehen. Dies dient einem doppelten Zweck, nämlich einerseits zu überprüfen, ob sie gemacht werden, und andererseits zu kontrollieren, ob sie richtig gemacht werden. Sollten sie nicht zu einer bestimmten Zeit erledigt sein, stellen Sie fest, wo das Problem liegt: Kommt Ihr Kind mit der Aufgabe nicht klar, oder konzentriert es sich nur nicht darauf?

Geben Sie nicht vor, etwas zu wissen, wenn es in Wirklichkeit nicht der Fall ist. Sobald ein Thema Sie selbst mehr aufregt als Ihr Kind, schaden Sie der Sache, statt ihr zu nützen. Wenn Ihr Kind dann noch mit Ihrem eigenen Stress zurande kommen muss, könnten Sie das Hausaufgabenerledigen zur Negativerfahrung machen. Sollte Ihr Kind Hilfe benötigen und Sie haben keine Lösung oder wissen nicht, wo sie zu suchen wäre, so wenden Sie sich an einen älteren Schüler oder einen Tutor als Mittler. Heben Sie sich den wirklichen Stress für die Zeit auf, in der Sie mit Ihrem Kind nach seiner bestandenen Führerscheinprüfung das Autofahren üben.

Überhäufen Sie Ihr Kind mit Lob. Geben Sie ihm jede Menge positiver Verstärkung, und zwar eher für seine Bemühungen als für die korrekte Bearbeitung der Hausaufgaben. Fehler kommen vor, das steht zu erwarten. Dazu sind Hausaufgaben da. Es ist der Vorgang selbst, den Sie Ihrem Kind angenehm zu

---

Null Bock auf Schule?

Überprüfen Sie, ob Ihr Kind überfordert ist.

Zeigen Sie ruhig Ihren Unmut – sachlich, aber mit ehrlicher Emotionalität.

Provozieren Sie Wut. Werden alle Frustgefühle herausgelassen, gibt es einen Ansatzpunkt für Lösungsmöglichkeiten.

Packen Sie Ihr Kind bei seinem Ehrgeiz.

---

machen versuchen. Hin und wieder, aber nicht immer, sind An-
reize und Belohnungen ein netter Ansporn, sich durch einen
ganzen Berg von Hausaufgaben hindurchzuarbeiten.

Lassen Sie Ihrem Kind die Kontrolle über seine Umgebung.
Machen Sie sich keine Gedanken darüber, dass das Zimmer, in
dem Ihr Kind arbeitet, aussieht wie ein Katastrophengebiet, solange die Arbeit rechtzeitig, sauber und korrekt erledigt wird.
Haben Sie schon einmal den Schreibtisch eines kreativ Schaf-
fenden gesehen? Und wenn Ihr Kind lieber bei Musik arbeitet,
so ist auch dies seine Sache. Studien haben gezeigt, dass sie die
Konzentration fördern kann, wenn sie keine Texte enthält. Sei-
en Sie flexibel, solange die Arbeit getan wird.

Gruppenarbeit und Freizeit

Lassen Sie Ihr Kind gelegentlich in einer Gruppe arbeiten –
auch hier nur, wenn die Arbeit gut und rechtzeitig erledigt
wird. Lerngruppen sind tatsächlich ein ausgezeichneter Weg
für Kinder, sich durch Gleichaltrige motivieren zu lassen. Unter
Umständen findet Ihr Kind es öde, jeden Tag allein zu lernen,
und fragt sich, ob es das einzige Kind auf der Welt ist, das mit
Hausaufgaben geschlagen ist. Darüber hinaus ist das Lösen
von Problemen in einer Gruppe unter Umständen eine wert-
volle Fertigkeit im späteren Arbeitsleben.

Denken Sie daran: Immer nur arbeiten und niemals spielen
macht Ihr Kind zum Langweiler, nicht zu vergessen, dass Spielen die durch allzu viele Hausaufgaben verbrauchten Batterien
wieder auflädt. Auch wenn Sie Ihrem Kind immer wieder zu
verstehen geben, dass Sie das Lernen schätzen, sollten Sie dennoch in seltenen Fällen eine Ausnahme machen und ihm einen
Nachmittag freigeben, wenn Sie wahrnehmen, dass es »ab-
säuft« und durch all die Anforderungen allmählich ausbrennt.
Nehmen Sie es mit ins Kino oder an einen Ort, den sie wochen-
tags sonst niemals aufsuchen. Am nächsten Abend sind Sie unter Umständen überrascht, mit welcher Erwartung es den
Hausaufgaben entgegensieht – hoffentlich.

KONFLIKTE IN DER FAMILIE

Die Geschwister-
folge

Rivalität unter
Geschwistern

Belastungen bei
einer Scheidung

Seite 90–127

,, Wir sind arme Vögel und
haben Flügel, aber unser
Nest ist auf der Erde; und wenn der
Gesang der Engel uns in die Höhe
lockt, ruft uns der Schrei unserer
Familie auf die Erde zurück. "

GEORGE SAND

Die Geschwisterfolge

Am zweithäufigsten nach dem Stress in der Schule nannten die Kinder, die an der Umfrage teilnahmen, die Familie. Manche ihrer Bemerkungen sind so treffend und berühren so viele der grundlegenden Sorgen von Kindern über die Familie, dass ich mir keinen besseren Anfang für dieses Kapitel denken kann, als einige davon zu zitieren. Es folgt eine Auswahl der Antworten auf die Frage »Was bereitet dir Sorgen?«:

»… dass meine Eltern zusammenbleiben.«

»… dass meine Mutter im Sterben liegt und mich ganz allein zurücklässt.«

»… Unstimmigkeiten mit der Familie.«

»… die Sicherheit meiner Familie.«

»Wir sind in der Marine. Wir ziehen oft um … Ich hasse es, dass mein Vater auf See ist.«

»Ich vermisse meine Großeltern in Idaho. Am meisten von meiner ganzen Familie.«

»… wenn ein Mitglied meiner Familie stirbt oder schwer verletzt wird.«

»… wenn mein Vater mich schlägt.«

»Ich mache mir Sorgen, dass meine Familie ausstirbt.«

»… dass meine Eltern mich verlassen oder sterben.«

»… Misshandlung in meiner Familie … dass meine Schwester mir meine Sachen klaut.«

»… meine Eltern und Geld.«

»Wenn meine Familie ausgegangen und nicht zurückgekommen ist oder angerufen hat, fange ich an, mir Sorgen zu machen.«

»Werden meine Eltern geschieden?«

»Ich mache mir Sorgen um meine Familie, weil einige Verwandte sehr krank sind.«

»… dass meine Vater trinkt.«

»… ob meine Eltern mich wirklich behalten wollen.«

»Wird mein Vater je erkennen, was meine Stiefmutter seiner Beziehung zu seiner Familie einschließlich seinen Kindern antut?« Diese Kinder verleihen Befürchtungen Ausdruck, von denen sie unter Umständen niemandem, erst recht nicht den eigenen Eltern, erzählen. In gewisser Weise ist es ironisch. Beziehungen – und ich spreche hier von engen Beziehungen zu Menschen, die uns nahe stehen, denen wir vertrauen und die wir lieben – sind in Bezug auf Ängste ein zweischneidiges Schwert. Sie können sowohl deren Ursache als auch das Gegenmittel sein. In beiden Fällen können wir der Familie, in die wir hineingeboren wurden, nicht entgehen.

Ein Neugeborenes kommt in die Familie

Die Aufregung der Eltern, wenn nach neun langen, erwartungsvollen Monaten endlich das Baby angekommen ist, kennen wir nur allzu gut. Niemand hätte Sie auf diese ersten, nervösen Tage und Wochen vorbereiten können, in denen der kleinste Husten und der geringste falsche Laut dieses verletzlichen, hilflosen Wesens zu Angstattacken bei Ihnen führten. Langsam, aber sicher gewannen Sie als Eltern mehr Selbstvertrauen.

Betrachten Sie den Stress nun einmal aus der Sicht des Babys. Da war es nun glücklich umfangen von dieser warmen, feuchten Hülle in einem schallgedämpften und dunklen Raum, in schwebender Belebtheit, mit reichlich Nahrung und ohne die Notwendigkeit eines Windelwechsels. Der perfekte Mutterleib ohne Aussicht! Dann scheint es plötzlich, als gelange es in eine grell erleuchtete, kalte und lärmerfüllte Welt.

Zwischen nervösen, frisch gebackenen Eltern und einem ängstlichen neuen Menschlein sind wohl erhebliche Stresspegel zu erwarten. Das Baby hat keine Zeit zur Vorbereitung. Vom Augenblick der Geburt an steht es mitten im Geschehen. Zunächst einmal ist da das mit der Atmung. Dann ist da die Anpassung an all das intensive Licht und die lauten Geräusche. Schließlich kommt noch eine neue Empfindung hinzu: Hunger. Und das ist erst der Anfang.

Lauter Unbekannte

Hauptsächlich sind da aber all die neuen Leute, denen man sich anpassen muss. Die Begegnung mit Unbekannten kann auch bei Erwachsenen große Verunsicherungen auslösen, vor allem, wenn es sich um wichtige Personen handelt. Wie steht es da um die ersten Menschen, denen man im Leben überhaupt begegnet? Mit Mutter ist Baby schon vertraut, zumindest von innen, jetzt begegnet es ihr von Angesicht zu Angesicht. Augenblickliches Erkennen?

Dann ist da noch diese andere Person, die mit der tiefen Stimme, dem kratzigen Gesicht und den dicken Händen. »Hallo Papi. Jetzt gib mich bitte wieder an Mutti zurück, und zwar schnell.«

Und dann ist da noch dieses andere Wesen – oder auch zwei – in der Familie, eine Miniaturausgabe der großen Leute. Diese kleine Person berührt Babys Gesicht nur ungeschickt, drückt seine Hand etwas zu fest, zieht an seiner Nase und an den Ohren ein wenig zu kräftig und zwickt – vielleicht aus Frustration darüber, dass das Baby nicht entsprechend reagiert, oder aus Wut darüber, dass plötzlich dem Baby so viel Aufmerksamkeit gewidmet wird – seinen Arm, bis es zu schreien beginnt. Sag hallo zu deinem großen Bruder oder deiner großen Schwester – und willkommen beim Geschwisterstress.

Neben den entfernteren Verwandten, wie Großeltern, Onkeln und Tanten, sind dies die entscheidenden Personen, die ein Kind nähren oder belästigen. Vielleicht beides. Lassen Sie uns zunächst die Geschwister eines Kindes betrachten.

Wer war zuerst da?

Obwohl es nicht ihre Schuld ist, sind Babys, die in Familien mit Brüdern und Schwestern hineingeboren werden, sofort gezwungen, sich mit der anstrengenden Tatsache, Geschwister zu haben, auseinander zu setzen. Ist die Geschwisterfolge ein echter Faktor für die Persönlichkeit, zu der sich das Kind entwickeln wird? Tatsächlich ist dies durch Erhebungen belegt.

Erstgeborene sind erfolgreich

Warum? Vielleicht weil ihre Eltern etwas zum ersten Mal tun und dazu neigen, sehr beschützend zu sein, und sehr stark Anteil nehmen – ein perfektes Rezept für die Erziehung von Kindern, die unter Umständen zu Jasagern und Workaholics werden. Wie Hazel Markus, eine Sozialpsychologin berichtete: »Erstgeborene entwickeln eigene Vorstellungen und Erwartungen in Bezug auf Macht, Führung und Verantwortung, hinsichtlich des sozial Akzeptablen und bezüglich der Bedeutung von Freundschaften und Beziehungen zu anderen Menschen. Diese Vorstellungen unterscheiden sich wahrscheinlich deutlich von denen später Geborener.«

Jedes Kind in der Geschwisterfolge braucht eine andere Förderung.

Wenn Sie also mehr als ein Kind haben, sollten Sie dem erstgeborenen helfen, seinen speziellen Belastungen folgendermaßen zu begegnen: Helfen Sie ihm, die Anzahl seiner Vorhaben zu begrenzen. Setzen Sie ihm keine Ziele, die Sie selbst nie erreicht haben. Bringen Sie Ihr Kind schon frühzeitig in Spielgruppen mit Gleichaltrigen zusammen, damit es soziale Fertigkeiten entwickeln kann, bevor Sie ein weiteres Kind bekommen. Halten Sie es dazu an, mit anderen zu teilen. Schaffen Sie für Ihr Kind Situationen, in denen es nicht selbst führt, sondern geführt wird. Loben Sie es für das, was es darstellt, und nicht für das, was es erreicht hat. Geben Sie ihm zu erkennen, dass Sie es lieb haben, auch wenn es bei etwas versagt hat. Loben Sie seinen Humor und seine Großzügigkeit ebenso wie seine Noten. Ermutigen Sie es, sich zu amüsieren! Tatsächlich zeigen Statistiken, dass Erstgeborene bei Schuleignungstests mit größerer Wahrscheinlichkeit sehr gut abschneiden und promovieren werden.

Nachgeborene haben es schwer

Jetzt geht es um zweite und mittlere Kinder. Fühlen sie sich im Vergleich zu älteren oder jüngeren Geschwistern weniger als etwas Besonderes? In einer Studie wurde das Verhalten der Eltern gegenüber drei Monate alten Erst- und Zweitgeborenen verglichen. Es stellte sich heraus, dass Eltern mit ihren Zweitgeborenen in Bezug auf soziale, affektive und fürsorgende Interaktionen tatsächlich weniger Zeit verbrachten als mit den Erstgeborenen. Die Psychologin Eleanor Maccoby und ihre Mitarbeiter beobachteten Verhaltensweisen zwischen Mutter und Kind und stellten fest, dass Mütter gegenüber ihrem Erstgeborenen tatsächlich beschützender waren als gegenüber ihrem Zweitgeborenen. In einer Untersuchung wurde festgestellt, dass Nachgeborene seltener der Ansicht sind, von Menschen geschätzt zu werden und daher ein niedrigeres Selbstwertgefühl haben.

Darüber hinaus fällt es Nachgeborenen schwerer, ihre Unabhängigkeit zu wahren, da sie nicht nur von den Eltern, sondern auch von den älteren Geschwistern als abhängig und hilfsbedürftig behandelt werden. Da die Aufmerksamkeit der Eltern durch die Geburt eines weiteren Kindes notwendigerweise geteilt wird, bekommt dieses Kind unter Umständen auch weniger Anregungen und weniger Ermutigung, Ziele zu erreichen.

> **Die eigene Kraft spüren**
>
> Kinder, die nicht streiten und immer nachgeben müssen, werden zu passiven, ängstlichen Erwachsenen, die Wut und Ärger unterdrücken. Passive Erwachsene werden aber nicht ernst genommen und leicht ausgenützt, und sie richten ihre Aggressionen schließlich vielleicht gegen andere oder gegen sich selbst.
>
> Also: Mut zur Auseinandersetzung!

Das Gefühl, übergangen zu werden

Der Grund, warum sich Eltern mit den Zweitgeborenen weniger beschäftigen, mag auch darin liegen, dass sie sich hinsichtlich ihrer Fertigkeiten als Eltern weniger Sorgen machen. Nachdem sie beim ersten Kind Selbstvertrauen gewonnen haben, geben sie Nachgeborenen mehr Freiheiten. Die Folge ist jedoch, dass Nachgeborene sich oft missverstanden und übergangen fühlen. Sie klagen darüber, dass sie ständig mit den älteren Geschwistern verglichen und ihre Erfolge – die ersten Schritte, der erste freie Vortrag, die erste Auszeichnung – von den Eltern nicht mit der gleichen Begeisterung anerkannt werden wie bei den Erstgeborenen.

Die gute Nachricht besteht indessen darin, dass Nachgeborene weniger ängstlich und kontrollierend zu sein scheinen, wahrscheinlich besser im Team spielen und Freunde, die sich um sie kümmern, höher einschätzen, als Erstgeborene dies tun. Einer Studie zufolge scheinen Nachgeborene außerdem beliebter als Erstgeborene zu sein. In dieser Untersuchung wurden Nachgeborene häufiger als Mitspieler oder Banknachbar gewählt als Erstgeborene oder Einzelkinder.»Sie haben nur selten Zugang zu denjenigen, die in der Familie das Sagen haben, und müssen daher lernen, mit anderen Familienmitgliedern und um diese herum zu arbeiten, um ihre Ziele zu erreichen«, sagt Hugh Markus.

Außerdem hat das Zweitgeborene von Anfang an ein fast gleichaltriges Kind um sich, mit dem es in Kontakt treten und auf diese Weise mehr soziale Fertigkeiten erwerben kann, die ihm im späteren Leben helfen. Nebenbei bemerkt bleiben mittlere Kinder mit größter Wahrscheinlichkeit unverheiratet und begeben sich mit der geringsten Wahrscheinlichkeit in psychotherapeutische Behandlung!

Aufmerksamkeit und Zuwendung

Im Wissen um all dies können Eltern versuchen, mittleren Kindern zu helfen. Versuchen Sie, wirklich zuzuhören, wenn Ihnen Ihre Kinder Fragen stellen oder etwas über ihren Schultag erzählen. Fragen Sie sie nach ihrer Meinung, und zitieren Sie sie vor den übrigen Familienmitgliedern. So fühlen sie sich herausgehoben. Vermeiden Sie es, ein älteres Geschwister zum Vorbild zu machen, dem sie entsprechen sollten. Lassen Sie sie zuhören, wie Sie sie vor anderen Menschen loben. Helfen Sie ihnen, sich eigene Ziele zu ihren eigenen Bedingungen zu setzen, die sie dennoch motivieren, ihren individuellen Möglichkeiten zu entsprechen. Fotografieren Sie sie reichlich und in jedem Alter. Mittlere Kinder klagen oft darüber, sich im Familienalbum ausgeschlossen zu fühlen. Reservieren Sie Zeit speziell nur für sie, ohne Brüder und Schwestern.

Damit das Jüngste nicht zu kurz kommt

Und was ist schließlich mit Ihrem jüngsten Kind? Die größte Überforderung für das Letztgeborene liegt nach Ansicht von Experten der Kinderfürsorge darin, stets von älteren Geschwistern für alles verantwortlich gemacht zu werden, weil alle Kinder wissen, dass die Eltern das Jüngste immer verschonen. Und weil Eltern nach der Geburt des letzten Kindes typischerweise stärker ermüdet und beschäftigt sind, lernt das Jüngste, um die Aufmerksamkeit der Eltern oder der älteren Geschwister zu kämpfen. Letztgeborene lernen auch, dass sie nicht an erster Stelle kommen, sagen Kinderpsychologen. Sie lernen, die Bedürfnisse anderer zu berücksichtigen. Studien zeigen, dass sie es wahrscheinlich sogar besser ertragen, Schlange zu stehen. Sie lernen zu warten, bis sie an der Reihe sind. Sie sollten also in diesem Zusammenhang an ein paar Punkte bei Ihrem Jüngsten denken. Achten Sie besonders darauf, Zeit mit ihm allein zu verbringen. Und sorgen Sie dafür, dass es eine reich gefüllte Zeit ist. Ermutigen Sie das »Baby«, Dinge selbst zu tun und sich nicht immer von älteren Geschwistern versorgen zu lassen. Nehmen Sie es nicht zu oft in Schutz. Geben Sie dem dritten, vierten oder fünften Kind zu verstehen, dass es ebenso respektiert und ihm ebenso zugehört wird wie dem zweiten Kind. Fragen Sie es nach seiner Meinung zu bestimmten Dingen. Gehen Sie in Anwesenheit anderer Kinder nicht leichtfertig über seine Gedanken oder Gefühle hinweg. Suchen Sie nach Spielgruppen mit Gleichaltrigen, damit es sich nicht daran gewöhnt, nur mit älteren Kindern zu spielen.

Arme Einzelkinder?

Nun zum Einzelkind. Früher dachten Eltern, Kinder bräuchten einen Bruder oder eine Schwester, um normal aufzuwachsen. Ein Einzelkind zu sein war daher an sich schon eine Ausnahme. Heute gibt es in den USA etwa 13,5 Millionen Einzelkinder, und da Eltern länger warten, bevor sie ein Kind bekommen, und sich außerdem mehr Gedanken ums Geld machen, steht zu erwarten, dass die Anzahl der Familien mit nur einem Kind weiter ansteigt.

Lassen Sie uns ein paar der Märchen und Fakten über Einzelkinder betrachten.

Die gängige Ansicht lautet, Einzelkinder seien schüchtern. In Wahrheit sind sie viel eher in der Lage, sich verbal auseinander zu setzen, da sie aufgrund fehlender Geschwister in der körperlichen Auseinandersetzung mit Kindern weniger geübt sind und es besser gelernt haben, sich mit Eltern und anderen Erwachsenen auseinander zu setzen, wie eine Studie an 200 Einzelkindern gezeigt hat.

Die gängige Ansicht lautet, Einzelkinder seien einsam. Demografische Studien zeigen indessen, dass Einzelkinder zu einem größeren Freundeskreis neigen als Kinder aus großen Familien, weil sie stärker dazu motiviert sind. Gewöhnlich entwickeln sie auch zu mindestens einem dieser Freunde eine geschwisterähnliche Beziehung. Meine Einzelkind-Tochter und ihre beste Freundin, ebenfalls Einzelkind, stritten sich wie Schwestern, teilten wie Schwestern und blieben einander über viele Jahre wie Schwestern eng verbunden. Kinder suchen sich gewöhnlich, was sie brauchen. Einzelkinder vermögen auch gut mit anderen zu teilen, da sie nur wenig Übung im Horten und Verstecken haben. Sie übernehmen ferner Führungsrollen, da sie gewohnt sind, Entscheidungen zu treffen.

Die gängige Ansicht lautet, Einzelkinder seien neurotisch. In Wahrheit wurde anhand von fünf verschiedenen Studien festgestellt, dass Einzelkinder seltener als Erstgeborene oder mittlere Kinder in einer Psychotherapie enden, während sie heranwachsen, selbst wenn sie bei einem allein erziehenden Elternteil aufwachsen. Dies ist wahrscheinlich deshalb so, weil sie eine Menge ungeteilter Aufmerksamkeit bekommen.

Die gängige Ansicht lautet, dass Einzelkinder intellektuelle Trottel seien. Ja und nein. Einzelkinder sind all den hohen Zielerwartungen und Belastungen Erstgeborener ausgesetzt, Skalen zur Beurteilung der sozialen Angepasstheit zeigen jedoch, dass die Wahrscheinlichkeit, exzentrisch oder vertrottelt zu sein, bei ihnen nicht höher ist als bei jedem anderen Kind.

Keine Gleichaltrigen zum Spielen

Die Stressgefahr für Einzelkinder besteht darin, dass sie mit geringerer Wahrscheinlichkeit als andere Kinder genügend Zeit zum Spielen mit Gleichaltrigen haben. Oft sind sie in Gesellschaft von Erwachsenen und erhalten wie die Erstgeborenen ungeteilte Aufmerksamkeit. Diese Konzentration bewirkt Selbstachtung, erhöht aber auch den Erwartungsdruck.

Sorgen Sie deshalb dafür, dass Ihr Kind Zeit zum Ausspannen hat: Zeit zum Spielen, Zeit für Unsinn oder einfach nur Zeit. Bauen Sie Zeit zum Umhertollen oder für andere Kämpfchen ein. Ein wenig gutmütiges Necken und Hänseln tut gut, um Verteidigungsmechanismen zu schaffen und Ihr Kind für das Spielen auf dem Schulhof vorzubereiten.

> **Was ist Freundschaft?**
>
> **3–7 Jahre:** Freund ist gleich Spielkamerad.
>
> **4–9 Jahre:** Eigene Motive werden bewusst. Die des anderen noch nicht.
>
> **6–12 Jahre:** Beide Perspektiven werden erkannt. Der eigene Vorteil ist wichtig.
>
> **9–15 Jahre:** Freundschaften dauern an, sind zum Sichkennenlernen da.
>
> **Ab 12 Jahre:** Offene Beziehungssysteme mit Selbstständigkeit, Abhängigkeit, Beistand, Hilfe.

Sorgen Sie dafür, dass die Sorgen Ihres Kindes auch die eines Kindes und nicht die eines Erwachsenen oder ihre eigenen sind. Ziehen Sie ein Kind und keinen Freund groß. Ihr einziges Kind ist weder Ihr Begleiter noch Ihr Schützling oder Ihre Vertrauensperson. Denken Sie daran, dass Sie eine erwachsene

Person sind und Ihr Kind ein Kind ist. Eltern und vor allem Alleinerziehende neigen dazu, dies zu vergessen und ihrem Kind die Lasten eines Erwachsenen aufzubürden, mit denen es nicht zurechtkommt.

Rivalität unter Geschwistern

Wir baten Kinder um die Vervollständigung von zwei Sätzen, die uns Einblick in die Beziehung zu ihren Geschwistern verschaffen sollten. Zunächst die Schattenseite. Gebeten, uns zu sagen, was das Schlechteste daran sei, einen Bruder oder eine Schwester zu haben, spiegelten ihre Antworten allgemeine Klagen über Geschwister wider:

»Meine Brüder mengen mit meinen Sachen rum.«

»Meine Schwestern ärgern mich.«

»Mein Bruder schlägt mich.«

»Meine Schwester versucht absichtlich, meine Gefühle zu verletzen.«

»Mein Bruder fängt immer Streit mit mir an.«

»Mein Bruder nimmt meine Stofftiere und hängt sie an den Ventilator.«

»Ich bekomme Ärger, wenn ich tue, was meine kleine Schwester tut, und ... sie nervt mich, indem sie mir überall hinterherläuft.«

»Meine Schwester verhält sich wie eine Göre.«

»Meine kleine Schwester tut, als sei sie krank, um ein Spiel abbrechen zu können.«

»Ich kann Dinge nicht erledigen, weil ich mich um meinen kleinen Bruder kümmern muss.«

»Meine Schwester lässt mich die Show nicht anschauen, die ich sehen möchte.«

»Mein älterer Bruder sagt, ich sei fett.«

Ganz andere Dinge hörten wir indessen, wenn es um das Beste ging. Die häufigste Antwort lautete: »... jemanden zum Spielen zu haben.« Wie ich jedoch bereits im Kapitel »Kinder be-

KONFLIKTE IN DER FAMILIE

richten« (siehe Seite 13 ff.) erwähnte, schätzten die Kinder auch jemanden, »der um mich ist und manchmal spürt, wie es mir geht«, »der nach dir schaut und zu dir hält« und jemanden, der »ein guter Freund für alle Zeit« ist. Das bedeutet, die Kinder zeigten auch Anzeichen der Wertschätzung, der Würdigung einer Intimität sowie eines Beschützerverhaltens, die allen Eltern Hoffnung machen.

Rivalität unter Geschwistern kommt vor. Erinnern Sie sich, dass Kinder den Streit unter Geschwistern zu den häufigsten Symptomen von Verhaltensstress rechneten; 60 Prozent von ihnen äußerten sich in diesem Sinne. Rivalität unter Geschwistern lässt sich nicht vermeiden, das ist so natürlich wie Aufregung ganz allgemein. Und Rivalität kann in biblischen Ausmaßen auftreten – denken Sie an Kain und Abel! Schon nach vier Kapiteln des Alten Testaments haben wir den ersten Mord der Gesellschaft: Brudermord. Kain erschlägt Abel aus Eifersucht wegen der Bevorzugung Abels durch den Vater.

Rivalität kann Narben für ein ganzes Leben hinterlassen oder die Kinder zumindest der steten Frage aussetzen, an welcher Stelle sie in eine Familie oder in eine Gemeinschaft hineinpassen. Ihre Kinder werden sich unter Gleichaltrigen oft mit derselben Position identifizieren, die sie bei ihren Geschwistern haben, und als das sehen, als was Sie sie sehen: als den Witzbold, den Sportlichen, den Friedensstifter, den Störenfried usw. Und obwohl die Rivalität unter den Geschwistern als Ergebnis der Reife, des Erfolgs in der Welt, der heilenden Wirkung der Zeit und eines möglichen Effekts der Entfernung allmählich nachlassen mag – unter der Asche dieses konkurrierenden Feuers zwischen und unter Brüdern und Schwestern glimmt es unter Umständen noch immer.

Rivalität bis ins Erwachsenenalter

Die Psychologen Helgola Ross und Joel Milgram vertraten in Zusammenhang mit einer Studie entschieden die Ansicht, dass sich der Konkurrenzkampf unter Geschwistern bis in das Erwachsenenalter hinein fortsetzte. Von 65 Personen im Alter zwischen 25 und 93 Jahren gaben 71 Prozent an, Rivale eines Bruders oder einer Schwester gewesen zu sein. Von diesen behaupteten 36 Prozent, diese Gefühle bewältigt zu haben, 45 Prozent gaben hingegen zu, dass diese Gefühle noch immer lebendig waren. Die Hälfte von ihnen sagte, die Gefühle der Rivalität seien von den Eltern geweckt worden, die ein Geschwister gegenüber dem anderen bevorzugten, und fügte hinzu, wenn die Rivalität bis ins Erwachsenenalter fortdauere, so deshalb, weil sie durch die Fortdauer der elterlichen Bevorzugung genährt werde.

In Zeiten erhöhter Belastung kann diese erlöschende Glut leicht wieder zum verheerenden Brand aufflammen. Obwohl der Entwicklungspsychologe Victor Cicirelli in einer zwölf Jahre dauernden Untersuchung von Geschwisterbeziehungen herausfand, dass Geschwister bis ins hohe Alter füreinander wichtig bleiben und mit der Zeit vielleicht sogar an Bedeutung gewinnen, entdeckte er auch, dass die negativen Gefühle füreinander während jener belastenden Phase zutage treten, in der die Eltern in höherem Maße abhängig werden oder ernsthaft erkranken. Typischerweise erwartet das jüngere Geschwister vom älteren, seine Verantwortung zu übernehmen, während das ältere Geschwister dem jüngeren entgegenhält, es drücke sich davor. Umgekehrt wetteifern manche Geschwister miteinander darin, wer das meiste für den abhängigen Elternteil tut, wobei das jüngere oder weniger begünstigte Kind die Hilfsbedürftigkeit des Elternteils als Gelegenheit sieht, einen lebenslangen Familienwettkampf zu gewinnen. Nach dem Tod eines Elternteils schließlich wetteifern Geschwister um die Führungsposition, während sie die Rolle von Familienältesten einnehmen.

Über die Rivalität sprechen

Ein Problem, das der Erkenntnis der Psychologen zufolge selbst im Erwachsenenalter zu den Schwierigkeiten beim Ausräumen dieser Rivalitäten beiträgt, liegt darin, dass die meisten Geschwister nur selten über ihre Rivalität sprechen. Erfolgreiche Geschwister wussten oft nicht einmal, dass das von ihnen Erreichte Neid hervorrief, und Geschwister, die sich unterlegen fühlten, wollten dies nicht aussprechen. Wie Ross und Milgram feststellten, »kann das Eingestehen von Rivalität unter Geschwistern als gleichbedeutend mit dem Eingestehen einer Fehlanpassung gesehen werden. Einem Bruder oder einer Schwester, der bzw. die als überlegen angesehen wird, Gefühle von Rivalität zu eröffnen, erhöht die eigene Verletzlichkeit in einer ohnedies unsicheren Situation.«

In Bezug auf Brüder untereinander wird das Problem dadurch erschwert, dass Männer in verbaler Kommunikation nicht so gut trainiert sind wie Frauen. In seinem Buch »Kinship in an Urban Setting« sagt Bert Adams, dass erwachsene Männer über geringere Nähe und weniger Kontakt zu Brüdern berichten, als Frauen dies in Bezug auf Schwestern tun, und zwar auch dann, wenn bei der Nähe geografische Unterschiede berücksichtigt werden.

Gesellschaftliche Veränderungen machen indessen die Versöhnung zwischen Brüdern und Schwestern wichtiger als je zuvor. Wie Michael Kahn in seinem Buch »The Sibling Bond« (»Geschwisterbande«) aufzeigt, »hängen Geschwister aufgrund der abnehmenden Familiengröße mehr und mehr voneinander ab. Wenn man nur einen Bruder oder eine Schwester hat, gewinnt dieser bzw. diese enorm an Bedeutung.« Bei Scheidungen, bei Alleinerziehenden, bei zwei berufstätigen Elternteilen und bei der geografischen Aufsplitterung der Kernfamilie wird völlig unterbewertet, wie wichtig es für Geschwister ist, untereinander Kontakt zu halten.

Mit Rivalität richtig umgehen

An dieser Stelle folgen noch ein paar andere Punkte, an die Sie denken sollten und die Ihnen selbst im Umgang mit dem Stress, der von einer Rivalität unter Geschwistern ausgeht, helfen sollen: Das Ausmaß des Konflikts zwischen Kindern steht nicht notwendigerweise in einem Verhältnis zu ihrer Zuneigung füreinander. Ein paar Wortgefechte sollten im Gegensatz zu aggressiven Handlungen gegenüber Kindern außerhalb der Familie kein besonderer Anlass zur Sorge sein. Rivalität unter Geschwistern kann ein gutes Übungsfeld für wichtige Fertigkeiten sein, die Kinder beim Heranwachsen benötigen. Vor allem können Konflikte zwischen Geschwistern Kindern helfen, Fertigkeiten der Konfliktlösung zu erlernen und einzuüben, legt der Psychologe Frances Fuchs Schacter dar. Und es ist ein relativ sicheres Trainingsfeld. Die Kinder können Risiken eingehen, weil ein Bruder oder eine Schwester sie gewöhnlich nicht in der Weise ablehnt, wie Freunde dies z. B. tun könnten.

Kleine Streitereien helfen Geschwistern zu erkennen, dass sie voneinander verschieden sind, daher sind Auseinandersetzungen vor allem unter gleichgeschlechtlichen Geschwistern von nahezu

Das Gefühl, zu kurz zu kommen, ist jedem bekannt. Kinder drücken es unmittelbar aus.

gleichem Alter auch am intensivsten. Streit ist für Geschwister auch eine Art, Frustration gegenüber einem Erwachsenen oder fehlgeleitete Wut gegenüber einem Elternteil abzubauen, den sie nicht in gleicher Weise zu beleidigen oder zu quälen wagen würden, wie sie dies bei einem Geschwister tun. Streitereien werden unter Umständen schlimmer, wenn ein älteres Kind in eine andere Altersgruppe kommt, etwa beim Wechsel von der Grundschule in eine weiterführende Schule. Es ist ein Weg, sich von der Gruppe der Jüngeren, die es soeben verlassen hat und an die es ein jüngeres Geschwister erinnert, zu distanzieren. Solange sich Streitereien auf der verbalen Ebene abspielen, gehören sie zur Entwicklung der kindlichen Persönlichkeit dazu.

Zwei Geschwister, die glauben, von ihren Eltern ungleich oder nicht fair behandelt zu werden, beginnen unter Umständen zu streiten, um herauszufinden, wen von beiden ein Elternteil bevorzugt. Sie können davon ausgehen, dass dem so ist, wenn der Streit endet, sobald Sie den Raum verlassen oder nicht mehr darauf achten.

Noch eine gute Nachricht: Die ausgeprägte Rivalität zwischen Geschwistern verschwindet oft im Jugendalter. Eine gestiegene Empathie macht es weniger wahrscheinlich, dass sie jemand Schwächeren herumschubsen. Aber Vorsicht: Geschwister im Teenageralter lernen auch, sich gegen Eltern zusammenzuschließen.

Ermutigen Sie Ihre Kinder, über ihre Differenzen zu sprechen, allerdings nicht mitten in einem größeren Konflikt. Empfehlen Sie ihnen stattdessen, zu einer Zeit, in der sie sich einander nahe fühlen, die Dinge zu benennen, die sie aneinander mögen. Bitten Sie sie anschließend, die Dinge aufzuzählen, die sie gern aneinander verändern würden. Fördern Sie die Diskussion, aber leiten Sie sie nicht. Wenn das funktioniert, funktioniert es wirklich!

Belastungen bei einer Scheidung

Zwar erzählten uns Kinder, dass sie sich über Geldsorgen, das Alkoholproblem eines Elternteils, körperliche Misshandlung oder einfach nur darüber Gedanken machen, ob Vater oder Mutter für sie da sein würden – am meisten Sorgen bereitete ihnen indessen eine drohende Scheidung. 20 Prozent der Kinder, die an der Umfrage »Stress bei Kindern« teilnahmen, gaben an, ihre Eltern seien geschieden, und zwölf Prozent sagten, sie hätten es mit dem neuen Ehepartner eines Elternteils zu tun. Aus vielen Antworten spürte ich jedoch heraus, dass ein großer Prozentsatz der Kinder sich der Tatsache, dass ihre Eltern geschieden sind und dass sie dadurch einen Verlust erlitten haben, sehr bewusst ist.

Wenn schon Veränderungen Ängste auslösen, so ist klar, dass eine Scheidung zusammen mit einem Wechsel des Wohnorts und dem Tod eines Elternteils zu den drei bedeutendsten potenziellen Stressfaktoren im Leben eines Kindes zählt. In der Tat ist eine Scheidung wie ein Tod, wenn nicht des einen oder anderen Elternteils, so doch zumindest der Einheit, bestehend aus Mutter und Vater. Der Verlust dieser Institution und des Schutzes, den sie repräsentierte, die Veränderung von Zeitplänen, die emotionale Umschichtung und die physische Anpassung an die neue Umgebung des ausziehenden Elternteils sowie ein neues Gefühl von Zuhause bedeuten für ein Kind in jedem Alter Stress.

Ein erleichternder Umstand liegt darin, dass Ihre Kinder bei einer Scheidungsrate um die 50 Prozent mit diesen Dingen nicht allein zurechtkommen müssen. Nahezu die Hälfte der Kinder in der Schule sind Kinder aus geschiedenen Familien. Sie daran zu erinnern nimmt ihnen unter Umständen ein wenig von der Belastung, zumindest fühlen sie sich nicht wie Aliens von einem fremden Planeten. Vielleicht möchten Ihr Kind und vielleicht auch Sie selbst mit einigen der Eltern und ihren Kindern, die all dies schon einmal durchgemacht haben, sprechen. Sie beide werden sehen, dass es recht häufig zu einem glücklichen Ende führt.

Verantwortung übernehmen

Um sicherzugehen, dass scheidungsbedingte Überforderungen das Leben eines Kindes nicht zerstören, sollten Sie im Umgang mit Ihrem Kind und – so schwer Ihnen dies fallen mag – mit Ihrem Expartner äußerst gewissenhaft und überlegt vorgehen. Das kann Ihrem Kind helfen, den Zusammenbruch Ihrer Beziehung zu überstehen und als körperlich und seelisch gesunder junger Erwachsener daraus hervorzugehen. Kinder aus geschiedenen Ehen leiden nicht notwendigerweise lebenslang unter der Irritation ihres Selbstbildes und ihrer eigenen Erwartungen an intime Beziehungen.

In ihrer Arbeit »Surviving the Breakup« (»Den Bruch überleben«), die auf einer Langzeitstudie über die Auswirkungen der Scheidung auf Kinder beruht, sowie in der darauf folgenden Studie »Second Chances« (»Zweite Chancen«) bestätigt die Psychologin Judith Wallerstein, dass Kinder die Auflösung der Ehe ihrer biologischen Eltern in der Tat überstehen können, aber es fällt nicht leicht.

Auseinander gehen fällt schwer

Einer der für Kinder belastendsten Aspekte einer Scheidung steht mit jenem Grundthema in Zusammenhang, das zum Stress im Allgemeinen beiträgt, nämlich dem Kontrollverlust. Hier haben wir eine Situation, in der sich vieles von dem, was zur Auflösung der Ehe beigetragen hat, hinter verschlossenen Türen, nachdem das Kind zu Bett gegangen ist, oder sogar schon vor seiner Geburt abgespielt hat. Ältere Kinder spüren

Woran Ehen scheitern

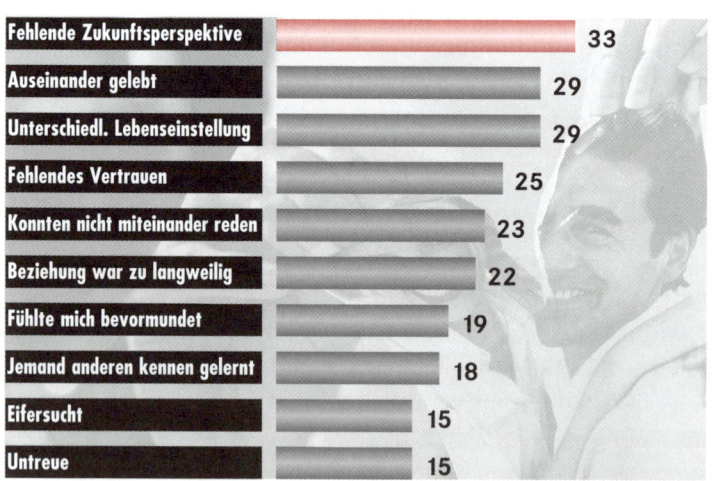

Fehlende Zukunftsperspektive	33
Auseinander gelebt	29
Unterschiedl. Lebenseinstellung	29
Fehlendes Vertrauen	25
Konnten nicht miteinander reden	23
Beziehung war zu langweilig	22
Fühlte mich bevormundet	19
Jemand anderen kennen gelernt	18
Eifersucht	15
Untreue	15

Süddeutsche Zeitung

Angaben in Prozent, Mehrfachnennungen waren möglich

In Deutschland wird mehr als jede dritte Ehe meist im sechsten Ehejahr geschieden. Pro Jahr kommen rund 200 000 neue Scheidungen dazu. Besonders leiden die Kinder: Insgesamt gibt es 2,3 Millionen Scheidungskinder.

unter Umständen die Disharmonie. Sie hören den Streit, spüren die Spannung und nehmen die fehlende Fürsorge und Zuneigung zwischen ihren Eltern wahr – aber sie wissen noch immer nicht, warum es so ist. Andere Dinge, die sich zwischen den Eltern abspielen, sind für das Kind nicht nur nicht zu erkennen, sondern entziehen sich auch seiner Kontrolle. Eine Scheidung lässt das Kind mit einem Gefühl der Machtlosigkeit zurück. Unter Umständen fühlt es sich, als stürze es von einer hohen Klippe, ohne dass ein Netz unter ihm wäre. Kein Grund ist zu sehen, und es ist ungewiss, wie lange der Sturz noch dauern wird. In vielen Fällen mögen die Kinder sogar der Ansicht sein, es sei ihre Schuld. Ironischerweise ist dies unter Umständen ein Weg, von dem sie glauben, er könne ihnen helfen, die Kontrolle zurückzugewinnen. Das bedeutet, sie denken möglicherweise, es gäbe etwas, das sie tun könnten, um die Ehe zu retten und auf diese Weise die Situation zu kontrollieren. Leider sind ihre Versuche nutzlos.

Schweigen aus Liebe zum Kind

Ich neige zu dem Vorschlag, sich so weit irgend menschenmöglich darüber klar zu werden, dass jede heftige Diskussion, jeder stechende Blick zwischen Ihnen und Ihrem Partner bzw. Ihrer Partnerin, bei dem Ihre Kinder Zeugen sind, in ihnen zu Wellen von Angst führt. Inmitten der ersten Tage nach dem Zerbrechen Ihrer Ehe mag es den intensiven Gefühlen, die Sie wahrscheinlich durchfluten, zuwiderlaufen; sollte es Ihnen jedoch möglich sein, den Mund zu halten oder sich den wütenden Blick aufzusparen, bis Sie mit Ihrem zukünftigen Expartner außer Sicht- und Hörweite Ihrer Kleinen sind, so werden Sie ihnen Stressoren ersparen, für die sie nichts können. Soweit Sie nicht schon um professionelle Beratung nachgesucht haben, tun Sie dies – diesmal nicht, um zu schauen, wie sich die Beziehung zu dem Ihnen entfremdeten Partner wieder kitten ließe, sondern um die traumatischen Auswirkungen der Scheidung auf Ihre Kinder so gering wie möglich zu halten. Jahre später,

wenn sich der Staub der Scheidung gelegt hat und Sie alle hoffentlich einen Weg gefunden haben, um mit dem permanen-
ten Bruch der ursprünglichen Familieneinheit ohne allzu große
verbliebene Bitterkeit zurechtzukommen, wird es Ihnen Ihr
Kind unter Umständen danken.

Allein erziehende Eltern

Viele Männer und Frauen in schlechten, lieblosen und bisweilen regelrecht destruktiven Beziehungen versuchen, »um der
Kinder willen«, wie sie es selbstlos formulieren, zusammenzubleiben. Und bisweilen sind sie tatsächlich selbstlos. Manchmal
ist es jedoch einfach nur die Begründung eines Erwachsenen,
der sich vor dem beunruhigenden Zustand, wieder Single und
allein zu sein, zu sehr fürchtet. Aus Angst davor werden dann
lieber tägliche Streitereien und Kränkungen in Kauf genommen. Oder die erwachsene Person nimmt an, es würde eine
sehr belastende Erfahrung für ein Kind, im Haushalt einer allein
erziehenden Person aufzuwachsen.
Was sagt die Forschung dazu? Macht es einen Unterschied, ob
ein Kind von zwei Elternteilen oder nur von einem großgezogen wird? Beruhend auf Datenmaterial aus eigenen Angaben
der Kinder, liefern Wissenschaftler einige Antworten. Über
einen Zeitraum von fünf Jahren untersuchten sie, welche Mengen des Stresshormons Cortisol von etwa 250 Kindern pro-
duziert wurden, die unter verschiedenen häuslichen Bedingungen in der Karibik (in der Dominikanischen Republik)
lebten. Zweimal täglich entnahmen die Untersucher eine Spei-
chelprobe und fragten die Kinder, wie es ihnen ginge und was
sie getan hätten. Wie vielleicht vorherzusehen war, lebten die
Eltern von Kindern mit den niedrigsten Stresspegeln zusammen. Aber auch wenn der Vater die Hälfte der Zeit abwesend
war, so waren die Cortisolspiegel die gleichen. Die Ergebnisse
waren auch die gleichen bei Kindern, die bei ihren Großeltern
oder bei der allein stehenden bzw. mit der bei Verwandten
wohnenden Mutter lebten.

Kinder bei Alleinerziehenden unter größerem Druck?
Kinder, die bei der allein stehenden und allein wohnenden Mutter lebten, hatten bedeutend höhere Stresspegel als andere und etwa die gleichen wie Kinder, die bei einem allein stehenden Vater lebten. Die höchsten Stresspegel wurden bei Kindern festgestellt, die mit ihrer Mutter, einem Stiefvater und dessen Kindern aus einer früheren Ehe zusammenlebten. Bei entfernten Verwandten zu leben war ebenfalls eine Ursache für erhöhten Stress.

Diese Studie zeigte auch, dass Überforderungen innerhalb der Familie zu Cortisolspiegeln führte, die über mehrere Tage erhöht waren – ganz im Unterschied zu den Spitzenwerten nach einem Fußballspiel oder einer anderen aufregenden Erfahrung beispielsweise. Die Untersuchung ergab noch eine weitere interessante geschlechtsgebundene Tatsache: In Familien, in denen es seit der Geburt der Kinder eine Menge Unsicherheiten gab, weil entweder die Mutter oft abwesend war oder weil innerhalb der Familie extreme Konflikte existierten, hatten die Jungen mit Ausnahme gelegentlicher Spitzenwerte in Verbindung mit einem Streit oder

> **Ängste ausdrücken**
>
> Das kreative Gestalten mit verschiedenen Materialien, aber auch Rollenspiele oder Spiele mit Puppen, Kasperle- oder Playmobil-Figuren ermöglichten es Ihrem Kind, Ängste erkennbar darzustellen, ohne sie abstrakt mit Worten formulieren zu müssen.
> Sagen Sie Ihrem Kind, was Sie zu sehen glauben, und sprechen Sie mit ihm darüber.

kriminellem Verhalten die meiste Zeit über ungewöhnlich niedrige Cortisolwerte. Unter gleichen Bedingungen fanden sich bei Mädchen mit größerer Wahrscheinlichkeit die meiste Zeit über hohe Cortisolspiegel, und die Kinder waren ängstlich und zurückgezogen. Dies mag auf die geschlechtsbezogene Konditionierung zurückzuführen sein, die wir im Kapitel »Der Körper schlägt Alarm« (Seite 34ff.) besprochen haben. Jungen werden schon sehr früh darauf trainiert, keine Emotionen zu zeigen – bis die Gefühle schließlich so stark werden, dass sie, bisweilen gewaltsam, explodieren. Mädchen werden hingegen dazu angehalten, stets in Kontakt mit ihren Gefühlen zu sein – auch mit den schlechten.

Belastungen durch die familiären Umstände

Eine kanadische Studie sprach für die Vorstellung, dass Kinder, die von allein stehenden Müttern großgezogen werden, oft höheren Stresspegeln ausgesetzt sind als Kinder in anderen Familienzusammensetzungen. Der acht Monate dauernden Untersuchung zufolge sind sie in höherem Maße der Gefahr emotionaler, verhaltensbedingter, schulischer und sozialer Probleme ausgesetzt. In Kanada, so stellte sich heraus, lebt eines von sechs Kindern in einer Familie mit einer Frau als Familienvorstand. Durchschnittlich sind diese Familien erheblich ärmer als solche mit zwei Elternteilen. Allerdings wurde in der Studie festgestellt, dass stressbedingte Probleme bei Kindern selbst in finanziell gut gestellten Familien mit einer allein erziehenden Mutter sehr oft, ja sogar häufiger vorkommen als bei Kindern in armen Familien mit beiden Elternteilen. Die Wissenschaftler schlossen daraus, dass das Problem nicht allein auf die finanziellen Schwierigkeiten zurückgeführt werden könne, sondern auf die schwierige Aufgabe, all den häuslichen und beruflichen Verantwortlichkeiten gerecht zu werden. Irgendwo, irgendwie, an irgendetwas oder bei irgendwem fehlt es dann: Meist sind es die Kinder, die mit eigenen Ängsten für das gestresste Leben der Mutter bezahlen.

Dies bedeutet weder, dass allein stehende Mütter schlechte Mütter sind, noch dass es automatisch eine Menge Stress im Leben des Kindes bedeutet, wenn Sie es allein aufziehen. Es wird jedoch infolge von Umständen, die oft außerhalb Ihrer Kontrolle liegen, besonders schwierig sein. Wenn Sie beispielsweise aus wirtschaftlichen Gründen genötigt sind, sich eine kleinere Wohnung zu nehmen, wird Ihr Kind nicht nur sein Zuhause, sondern vielleicht auch die Schule und seine Freunde wechseln müssen. Das belastet. Im Wissen darum kann ein allein erziehender Elternteil all diese Veränderungen weniger belastend gestalten, indem er darüber spricht. Sie können gemeinsam daran arbeiten, Schritte und Strategien zu planen, um einige der Verantwortlichkeiten zu teilen. Ich spreche dabei vom Teilen und nicht davon, diese Verantwortlichkeiten vollständig auf ein Kind abzuwälzen, das beispielsweise nur unzureichend darauf vorbereitet ist, einen Bruder oder eine Schwester großzuziehen. Indem Sie Ihren Kindern jedoch das Gefühl vermitteln, Teil des Prozesses und nicht Teil des Problems zu sein, lehren Sie sie unter Umständen auch, dass sie mit einer Veränderung zurechtkommen können, und dies macht sie zu stärkeren Individuen, die besser in der Lage sind, die Aufregungen zu bewältigen, die das Leben für sie mit sich bringt.

Gemeinsames Sorgerecht

Auch wenn Sie sich von Ihrem Partner bzw. Ihrer Partnerin getrennt haben mögen, Ihr Kind hat es nicht und will es vielleicht auch gar nicht, selbst wenn es erkannt hat, wie schlecht die Ehe war. Kinder wollen und müssen Zeit mit beiden Elternteilen verbringen und zu beiden Zugang haben, selbst wenn diese sich niemals wieder begegnen möchten. Ich erwähnte früher bereits, dass dies nicht einfach sein würde.

Je nachdem, wie gut es Ihnen und Ihrem ehemaligen Partner bzw. Ihrer früheren Partnerin gelingt, die Ausübung des gemeinsamen Sorgerechts so kooperativ wie möglich zu gestalten, wird das der Gewöhnung Ihrer Kinder einiges an Ängsten nehmen. Es wird auch Ihre eigenen Sorgen reduzieren. Und sofern Sie nicht wollen, dass jeder Wechsel in der Betreuung zwischen Ihnen und dem früheren Partner bzw. der früheren Partnerin voller Angst geschieht, sollten Sie besser einen Weg finden, um diese Spannung abzubauen, denn bis zu dem Zeitpunkt, da Ihre Kinder die Schule verlassen oder sich selbstständig machen, liegt die Ironie der Scheidung darin, dass der Partner bzw. die Partnerin auch weiterhin Teil Ihres Lebens ist, soweit es um die Kinder geht. Ab einem bestimmen Punkt haben Sie vielleicht Ihre Differenzen ausgetragen und können gemeinsam zu den Theateraufführungen oder Sportveranstaltungen Ihrer Kinder gehen oder sogar deren Schulabschluss oder Hochzeit gemeinsam planen.

Den Kontakt zu beiden Elternteilen pflegen

Sorgen Sie für reibungslose und regelmäßige Wechsel zwischen den Haushalten. Dies gilt vor allem für die ersten beiden Jahre nach der Scheidung. Stellen Sie einen möglichst zuverlässigen Zeitplan auf, damit Ihr Kind z. B. weiß, dass es Dienstag, Mittwoch und Donnerstag bei Mami und von Freitag bis Montag bei Papi ist. Es kann auch jeweils abwechselnd eine Woche bei seinem Vater bzw. seiner Mutter verbringen.

Erläutern Sie Veränderungen eines Plans. Wenn sich der Zeitplan ändert, besprechen Sie dies mit Ihren Kindern, sobald Sie davon Kenntnis erhalten. Erläutern Sie, warum der Zeitplan unterbrochen werden muss und wann er hoffentlich wieder einem normalen Rhythmus folgen wird. Beteiligen Sie Ihre Kinder, so weit dies möglich ist, am Erstellen eines Ersatzplans.

Ein gemeinsames Erlebnis, wie ein feines Essen vorzubereiten, festigt die Bindung.

Zeigen Sie vor Ihren Kindern Respekt vor Ihrem Expartner. Bedanken Sie sich, und erweisen Sie ihm oder ihr auch andere Formen der Höflichkeit, wie Sie dies bei einem Freund, einer Freundin oder bei Bekannten auch täten. Sprechen Sie darüber getrennt mit Ihrem Expartner, damit Sie beide die Bedeutung dessen verstehen, auch wenn Sie es nicht so meinen. Entschuldigen Sie sich für eine Verspätung, oder besser noch, verspäten Sie sich gar nicht erst, da ständige Verspätungen bisweilen als eine passive Form der Aggression angesehen werden können.

Streiten Sie sich nicht, als ob die Kinder nicht anwesend wären. Wenn geschiedene Personen höflich miteinander umgehen, so zeigen Untersuchungen, fühlen sich Kinder weniger zwischen den Parteien gefangen. Sie empfinden weniger Schuldgefühle darüber, dass sie noch immer beide Elternteile lieben, und sehen sich weniger als Wunschknochen, an dem von beiden Seiten gezerrt wird.

Nicht zusammenleben, aber zusammenarbeiten

Auch wenn es keine so besonders gute Idee zu sein schien, zum Wohle der Kinder zusammenzubleiben, als Sie noch verheiratet waren, ist es eine wirklich ausgezeichnete Idee, nach der Trennung zum Wohle der Kinder zusammenzuarbeiten, wenn Ihnen wirklich am körperlichen und seelischen Wohlbefinden Ihrer Kinder liegt. Versuchen Sie es also, so schwierig es Ihnen auch erscheinen mag – tun Sie es für die Kinder.

Sollte es Ihnen zwischenzeitlich zu viel werden, und Sie kommen nicht mehr damit zurecht, sprechen Sie mit einem Psychologen, Psychotherapeuten oder sonstigen Berater – denn so wichtig ist das. Die Forschung – meine und die von anderen – zeigt nämlich eindeutig: Je weniger Konflikte in einer gemeinsam wahrgenommenen Elternschaft bestehen, desto besser schneiden Kinder in der Schule und im Freundeskreis ab und desto besser passen sie sich an die Veränderungen an, die eine Scheidung mit sich bringt.

Ein neuer Mensch in Ihrem Leben

Sie und Ihre Kinder sind über die Scheidung hinweg. Und weil Sie ein menschliches Wesen sind, mit einem Herzen, das sich erneut zu öffnen begonnen hat, begegnen Sie wieder jemandem. Vielleicht ist es das, worum Sie nach dem Ende Ihrer Ehe gebetet haben. Sie haben sogar sich selbst und vielleicht auch Ihre Kinder davon überzeugt, dass ein besserer Partner Ihnen und auch Ihren Kindern gut täte. Er oder sie würde emotionale und vielleicht auch wirtschaftliche Stabilität einbringen, die

zersprengte Kernfamilie wieder herstellen und ein gegenge-
schlechtliches Rollenvorbild darstellen, und zwar nicht, wie Sie
Ihren Kindern versichert haben, um den Vater oder die Mutter,
die sie nun nicht mehr so oft sehen, zu ersetzen, sondern als jemand, der bzw. die für sie da sein könnte.

Sie haben diese Angelegenheit jedoch nicht wirklich aus der
Sicht Ihres Kindes betrachtet. Für Ihr Kleines ist diese Person,
der Sie sich nahe fühlen, ein Fremder, ein Eindringling. Und da
gibt es so viel, um das man sich als Kind Gedanken macht: Was
ist, wenn ich anfange, diese Person zu mögen, und sie geht
wieder fort? Wird diese Person mich mögen – und umgekehrt?
Wird diese Person zu Mami (oder Papi) gemein sein oder – was
ebenso schlimm ist – all ihre (oder seine) Aufmerksamkeit auf
sich ziehen? Oder wird sie (oder er) einfach niemals zu einem
Teil der Familie, niemals so gut wie Mami (oder Papi) sein? Dies
sind die Dinge, die Ihr Kind sogar schon beim ersten Mal, wenn
Sie eine Bekannte bzw. einen Bekannten mit nach Hause bringen, belasten.

Für diese Dinge gibt es noch keinen »Knigge«. Wer schon eine
Scheidung hinter sich hat, kann einen gewissen Trost aus dem
Wissen ziehen, dass es sich hier um weitgehend unbekanntes
Gebiet handelt.

Ihr Kind auf die neue Situation vorbereiten

Beginnen Sie damit, dass Sie Ihr Kind fragen, wie es sich mit
Ihrem neuen Freund bzw. der neuen Freundin fühlt. Vielleicht
machen Sie sich viel mehr Gedanken darüber, wie es ihm damit
gehen könnte, als notwendig wäre. Selbst wenn Ihr Kind Ihnen
sagt, dass es sich Gedanken macht, sollten Sie nicht notwendigerweise ein Keuschheitsgelübde ablegen und für den Rest Ihres Lebens allein zu Hause bleiben. Bitten Sie es zunächst einmal um seine Meinung, um einzuschätzen, ob es diesbezüglich
überhaupt Gefühle hat. Außerdem sollten Sie einen Dialog ein-
leiten, um Informationen zu bekommen, die Ihnen helfen, Ihr
Kind dahin zu bringen, sich nach und nach wohler bei der Vor-

stellung zu fühlen, dass Sie von jetzt an mit jemand anderem ausgehen.

Bitten Sie Ihr Kind nicht um Rat hinsichtlich Ihres Freundes bzw. Ihrer Freundin. Dies würde die Grenze zwischen Eltern und Kind bzw. zwischen Elternteil und Vertrautem überschreiten. Sie brauchen zu Ihren Ausgehterminen oder Ihrem Sexualleben mit Sicherheit nicht die Zustimmung Ihres Kindes einzuholen. Sollten Sie Ihr Kind in ein derartiges Gespräch verwickeln, wird es sich dem anderen Elternteil gegenüber unloyal und schuldig fühlen. Dann wird es sich natürlich auch doppelt schuldig fühlen, wenn es die Person, mit der Sie ausgehen, nicht mag.

Halten Sie Ihr Privatleben für eine Weile privat. Es ist für alle Beteiligten keine besonders gelungene Vorstellung, jemanden, den Sie erst seit kurzem treffen, bei sich übernachten und dann inmitten einer Schar von Kindern aufwachen zu lassen. Solange diese Person nicht schon Zeit mit den Kindern verbracht, sich mit ihnen angefreundet und ihr Vertrauen erworben hat, rate ich von Übernachtungen generell ab.

Hat eine Beziehung festere Formen angenommen, sollten Sie Ihre Kinder schon frühzeitig darauf vorbereiten, wenn Sie sich dazu entschieden haben, jemanden bei sich übernachten zu lassen. Versichern Sie Ihren Kindern, dass Sie sie nicht verlassen, dass sie noch immer oberste Priorität für Sie haben. Sie können dies zeigen, indem Sie das Zubettbringen und andere Rituale wie Mahlzeiten aufrechterhalten. Sagen Sie ihnen auch, dass der andere Elternteil noch immer ihr anderer Elternteil ist und dass sie nun nicht aufhören müssen, ihn zu lieben, um stattdessen die neue Person zu lieben.

Ich würde an Ihrer Stelle auch darüber nachdenken, meinen Kindern eine kleine Dosis Beziehungsrealität zu verabreichen, indem ich ihnen dies nahe bringe: Selbst wenn ich Zeit mit jemand Neuem verbringe, besteht dennoch stets die Möglichkeit, dass diese Person kein Partner fürs Leben wird. Er könnte stattdessen zu einem Freund fürs Leben oder zumindest für eine gewisse Zeit werden. Versuchen Sie, daraus die positive Lernerfahrung zu machen, die die Begegnung mit einem anderen Menschen bietet.

Sich selbst und Ihrem Kind Mut zusprechen

Sie können sich diesen Abschnitt ebenso gut selbst laut vor dem Spiegel vorlesen, denn ich bin sicher, dass Sie sich selbst oft schon auf dieselbe Weise Mut zugesprochen haben. Es schadet jedoch nicht, sich daran zu erinnern, dass es offen und ehrlich ist, ein älteres Kind wissen zu lassen, dass es sowohl aufregend als auch beängstigend ist, einen neuen Menschen in sein Leben zu bringen. Das Wissen, dass es auch für Sie selbst schwierig sein wird, befreit Ihr Kind von der Vorstellung, nur es selbst habe mit diesem Übergang zu kämpfen. Aber wie bei allen anderen Stressoren im Leben wird Ihr Kind seine Hinweise aus der Art ziehen, in der Sie mit diesem neuen Abschnitt in Ihrer beider Leben umgehen.

Stiefvater und Stiefmutter

Es begann als Verabredung, wurde ernst, und nun sind Sie wieder gebunden. Ihr Kind hat, ob es will oder nicht, ein neues Familienmitglied, eine Stiefmutter oder einen Stiefvater. Dank einiger schlechter Stereotype, Märchen und Sagen ruft allein das Wort Bilder eines fiesen alten Mannes oder einer arglistigen alten Frau hervor – etwa das der harten, auf Disziplin bedachten Stiefmutter oder das des Stiefvaters mit der lauten Stimme. Oder noch schlimmer – die vernachlässigende Stiefmutter oder der sexuell missbrauchende Stiefvater.

Ein Stiefvater oder eine Stiefmutter zu sein fällt auch Erwachsenen nicht leicht. Sie haben sich in den Mann verliebt – und mit ihm kamen die Kinder. Nun wachen Sie morgens auf und sind plötzlich die Übermutter. Oder wenn Vaters neue Frau zu ihm und seinen Kindern zieht, wachen diese plötzlich auf und haben eine Fremde im Haus – gewissermaßen eine Zweitmutter aus der Dose.

Hier droht jemand in den Kreis der Familie einzubrechen, ein Kreis, der nach Ansicht Ihrer Kinder gerade jetzt wertvoller und empfindlicher denn je ist. Als Eltern müssen wir anerkennen, wie sich das anfühlen muss. Und als Stresserzieher unserer Kinder muss unser erster Schritt darin bestehen, ihnen Zeit, Ort und Raum zu geben, um diese Befürchtungen und Ängste auszusprechen. Schließlich sind sie in hohem Maße berechtigt. Es ist nicht fair, sie zu verniedlichen oder leichtfertig darüber hinwegzugehen.

Vertrauen Sie sich Ihrem Partner an

Der zweite, wenn nicht der erste Schritt sollte darin bestehen, Ihre Bedenken mit der für Sie wichtigen neuen Person zu besprechen. Der neue Partner bzw. die neue Partnerin muss wissen, dass Ihre Kinder ihre Anhänglichkeit nicht automatisch von ihrem biologischen Elternteil auf den Stiefvater bzw. die Stiefmutter übertragen.

Kinder geben ihrerseits vielleicht auf viele Arten zu verstehen, wie sehr sie ein Stiefvater bzw. eine Stiefmutter belastet, aber nur sehr wenige werden dem auch verbal Ausdruck verleihen, wenn man von Schreien und Widersprechen einmal absieht. Sie werden ihren Frust ausagieren, indem sie ihre Noten absinken lassen oder die Schule schwänzen. Unter Umständen werden sie auch häufiger krank. Vielleicht hängen sie mit

> **Rituale geben Sicherheit**
>
> Wenn sich schon alles in der Familie geändert hat, sollten einige feste Gewohnheiten unbedingt beibehalten werden, wie z.B. das abendliche Geschichtenerzählen oder die Tasse mit der Kuh für den Kakao beim Frühstück morgens. Einem Kind vermittelt dies in einer verwirrenden, teilweise angstbesetzten Situation Schutz und Sicherheit. Es ist wie eine Beschwörung gegen Bedrohliches.

neuen Freunden herum, von denen sie wissen, dass sie den Eltern nicht recht wären, oder sie hören unerträglich laut Musik, die die meisten entsetzlich finden. Sie bleichen sich das Haar, finden neue und exotische Piercing-Stücke und Tattoo-Muster oder tragen Kleidungsstücke, von denen sogar sie selbst heimlich glauben, dass sie ihnen nicht besonders gut stehen. Oder sie tun – abhängig vom Alter – extra alle der oben genannten Dinge mit doppelter Intensität. Vielleicht rächen sie sich auch mit bleiernem Schweigen, indem sie sich in die eigene Traumwelt zurückziehen, wo Bedienstete sie mit Gratiseiscreme versorgen und die Eltern für immer zusammenbleiben.

Irgendwie müssen Sie herausbekommen, wie es zu bewirken ist, dass sie sich öffnen und es herauslassen. Versuchen Sie es nicht nach dem Ausbrechen irgendwelcher Spannungen, was unter Umständen mit dem neuen Stiefvater oder der Stiefmutter in Zusammenhang steht. Warten Sie einen Augenblick ab, in dem Sie und Ihre Kinder guter Stimmung sind, sich einander verbunden fühlen und frei von den übrigen Stressfaktoren des Lebens sind. Hoffentlich gelingt es Ihnen, das Gespräch von Klagen und Wut auf ein Annehmen der Situation hinzulenken. So oft wie möglich sollten Sie wiederholen: »Ich verstehe euch, aber so wird es sein.« Trotz aller Bemühungen hängen manche Kinder dennoch jahrelangen Wiedervereinigungsphantasien nach.

Wie sind die Beschwerden des Kindes zu deuten?
Hören Sie genau zu, was Ihr Kind am Zusammenleben mit dem Stiefvater oder der Stiefmutter am meisten stört. Achten Sie auf Hinweise in der Sprache Ihres Kindes, die auf Verstocktheit und die Weigerung, die Situation zu akzeptieren, schließen lassen: »immer ...« oder »nie ...«. Nur sehr wenige Menschen tun etwas immer oder nie. Das sind Worte des Trotzes, Mauern, die Menschen errichten, um sich vom eigenen Standpunkt zu überzeugen. Sollten Sie von Verhaltensweisen hören, die der neue Partner bzw. die Partnerin leicht verändern kann, so besprechen Sie dies privat mit ihm bzw. ihr, und schauen Sie, ob es möglich ist, dass er bzw. sie einige Veränderungen vornimmt und Zugeständnisse macht.

Falls Ihr Kind Dinge tut, die die Situation eher verschlimmern, etwa indem es absichtlich auf einem Verhalten beharrt, das den neuen Partner verärgert, erklären Sie ihm geduldig, dass damit niemandem geholfen ist, am wenigsten ihm selbst.

Legen Sie den Schwerpunkt auf Kooperation: Das Leben besteht aus Geben und Nehmen. Heben Sie hervor, dass jede neue Situation zunächst einmal mühsam ist. Fragen Sie Ihr Kind, was der neue Partner tun kann, um es leichter zu machen. Bleiben Sie jedoch unnachgiebig in Dingen, die nicht zu ändern sind. Fahren Sie durch die gesamte Frühanpassung hindurch mit Ritualen und Zeitplänen fort, die Ihr Kind beruhigen und trösten. Sie sind die Person, die es zu Bett bringt und ihm etwas vorliest. Delegieren Sie dies nicht über längere Zeit an den neuen Partner. In der besten aller möglichen Welten wird Ihr Kind eines Abends fragen, ob sein Stiefvater bzw. seine Stiefmutter ihm nicht ein Glas Wasser bringen könnte. An solchen kleinen Momenten lassen sich große Fortschritte ablesen.

Nicht verteidigen, sondern Verständnis ermöglichen

Gehen Sie nicht in die Falle, Ihren neuen Partner zu verteidigen. Das Letzte, was Sie sich wünschen, ist, noch stärker zwischen den Stühlen zu sitzen, als Sie es jetzt schon tun. Regen Sie unter diesem Aspekt nach einer Reihe von Gesprächen mit Ihrem Kind ein Gespräch zwischen Ihrem Kind und dem neuen Partner an, bei dem die beiden darüber sprechen, was sie tun können, damit das gemeinsame Leben besser funktioniert. So weit Sie daran teilnehmen, sollten Sie Ihre Rolle herunterspielen, indem Sie vielleicht lediglich in die Thematik und das Ziel einführen, nämlich für beide Seiten vorteilhafte Wege eines gemeinsamen Lebens zu finden. Treten Sie dann zurück, und lassen Sie die beiden sich aussprechen und das Thema durcharbeiten. Wenn es sein muss, beißen Sie sich auf die Zunge, aber bleiben Sie ruhig, und lassen Sie die beiden ihre Angelegenheiten klären. Sollte das Gespräch in Schreien und Anschuldigungen entgleiten, so regen Sie an, dass jeder zunächst 20 Minuten allein spazieren gehen, dann jedoch sofort zurückkehren und das Gespräch fortsetzen sollte.

Wenn der Einzug zum Auszug wird

Ob Sie nun bei Ihrem neuen Ehepartner einziehen oder umgekehrt, Ihr Kind wird sich fehl am Platze fühlen. Natürlich bedeutet es einen erheblich stärkeren Bruch, in ein anderes Haus oder eine neue Wohnung umzuziehen. Aber selbst wenn der neue Ehepartner bei Ihnen einzieht und vor allem, wenn er auch noch eigene Kinder hat, wird Ihr Kind wertvollen Raum aufgeben müssen. Spielzimmer, Bad, Küche und Hinterhof werden plötzlich Gemeinschaftsgrund, an dem Ihr Kind keinen großen Anteil mehr zu haben glaubt. Selbst wenn keine anderen Kinder beteiligt sind, bedeutet es noch immer teilen – nämlich Sie selbst!

Lassen Sie uns zunächst betrachten, wie es ist, wenn der neue Ehemann bzw. die neue Gattin bei Ihnen einzieht. Dies kann sich in zwei Richtungen entwickeln. Es kann zu einer großartigen Lektion im Miteinander-Teilen, in Kooperation, Altruismus und Großzügigkeit werden, oder es kann sich zu einem hässlichen Kampf um Macht, Kontrolle über das Terrain und über Sie selbst entwickeln. Es kann das Herz eines Kindes öffnen oder verschließen.

Bei viel Veränderung steht die Rückbesinnung auf sich selbst oft an erster Stelle.

Natürlich plädiere ich dafür, dass Sie Ersteres unterstützen. Aber wie? Indem Sie ein gutes Rollenvorbild sind. Vergessen Sie nicht, dass Sie eine ähnliche Veränderung durchmachen. Auch Sie müssen einiges von Ihrer Herrschaft über Küche, Bad und Wohnzimmer sowie über Ihre Freizeit aufgeben. Wie gut Sie mit Ihrem neuen Partner kooperieren, kann auch Ihrem Kind den Weg weisen, vor allem wenn Sie in Bereichen Zugeständnisse machen, von denen Ihr Kind weiß, dass sie Ihnen wichtig sind. Natürlich muss Ihr Partner dabei mitspielen. Beide müssen Sie Großzügigkeit, Verlässlichkeit und Verständnis vorleben.

Gleichzeitig ist es wichtig, Ihrem Kind gewisse Bereiche, Zeiten und Privilegien einzuräumen, die nur ihm allein zustehen: eine Ecke in seiner Welt, in die nur es selbst gelangen kann, ein Allerheiligstes, das jeder respektieren muss, eine ureigenste Verantwortlichkeit. Das wird Ihr Kind an seinen ganz speziellen Platz in der Welt und in Ihrer Welt erinnern.

Familiengeschichte schaffen

Zu jemand anderem zu ziehen ist natürlich erheblich schwieriger, und sei es nur, weil Sie einfach weniger Kontrolle über die Umgebung haben. Der bloße Gedanke ans Packen lässt Ihr Herz vielleicht schon angstvoll klopfen. Noch bevor Sie in das neue Heim vorstoßen, wäre es schön, den Ort zu ehren, den Sie verlassen, und Ihren Kindern zu zeigen, dass Erinnerungen etwas sind, das man überall hin mitnehmen kann, indem Sie Fotos des Hauses oder der Wohnung und der Zimmer der jeweiligen Personen und der Lieblingsplätze machen. Sie schaffen Familiengeschichte. Hoffentlich sind mit diesem Ort ein paar gute Erinnerungen verbunden – und nur wenig schwere, über die es hinwegzukommen gilt.

Helfen Sie Ihren Kindern auch, ihre Sachen zu packen, damit auch sie sich ein wenig als Teil des Prozesses fühlen. Wenn ihre Dinge dann im neuen Heim wieder ausgepackt werden, haben die Kinder mit größerer Wahrscheinlichkeit ein lebenserweiterndes Gefühl von Kontinuität anstelle der Trauer über einen Abschluss und der Angst vor einem Neubeginn. Denken Sie zudem daran, Ihre eigene unmittelbare Familie, d. h. Sie und Ihre eigenen Kinder, zu einem letzten Abschiedsritual zu vereinen, bevor Sie das alte Heim definitiv verlassen. Vielleicht gehen Sie dabei in ihr leeres, früheres Schlafzimmer und sprechen noch einmal mit Stolz und Stärke darüber, wie viel sie über das Leben, sich selbst und andere genau hier gelernt und entdeckt haben. Und erinnern Sie sie noch einmal daran, dass alle Erinnerungen – manche gut, manche schlecht, alle lehrreich – mit Ihnen gehen.

Ein Umzug ist eine Belastung

Sich im Heim Ihres neuen Partners wieder einzurichten, wird von Ihnen und Ihrem Partner eine Menge Geduld erfordern. Vergessen Sie nicht, dass ein Umzug fast an der Spitze der Liste mit den schwersten Stressfaktoren steht. Ihre Kinder werden in ein vollkommen neues Umfeld geschleudert, mit neuen Regeln und Neuem, das erst herausgefunden werden muss (»Wie funktioniert dieser Videorecorder?«), ganz zu schweigen von neuen Personen, einer neuen Schule, neuen Straßen. Eine endlose Folge von Stressoren kann einem den Tag im neuen Heim verderben, vor allem wenn man für nichts davon verantwortlich ist – und so werden sich Ihre Kinder fühlen.

Es wird helfen, so rasch wie möglich einen Zeitplan zu erstellen, der Ihrem Kind vertraut ist. Ferner hilft es, neue Rituale einzuführen. Helfen Sie Ihrem Kind beim Einrichten seines neuen Bereichs oder seines neuen Zimmers. Finden Sie auch heraus, ob es eher dazu neigt, es genauso wie das frühere Zimmer einzurichten, oder ob es mutig eine neue persönliche Aussage treffen möchte. Es ist seine Wahl, respektieren Sie sie, so weit es geht. Auch hier wird ein langes Gespräch unter vier Augen mit Ihrem neuen Partner den Übergang erleichtern helfen. Er muss sich vor allem dessen bewusst sein, wer hier der Erwachsene ist und dass für ein Kind, das dieser traumatischen Anpassung ausgesetzt ist, eine Menge Erleichterungen geschaffen werden müssen.

In Bezug auf die interpersonelle Beziehung zwischen Ihrem neuen Partner und Ihrem Kind ist es von entscheidender Bedeutung, dass beide Parteien die Dinge immer wieder durchsprechen. Wie bereits besprochen, können Sie ein Gespräch anbahnen, Sie sollten Ihr Kind und Ihren neuen Partner jedoch weitgehend direkt miteinander kommunizieren lassen. Einer der Gründe für das Offenhalten des Gesprächs ist, dass die

Themen wechseln werden, während das Kind heranwächst. Dies ist keine statische Beziehung. Manche Themen verlieren an Bedeutung, andere kommen neu hinzu.

Themen, bei denen es um Disziplinarisches, um Hilfe bei den Hausaufgaben, um gemeinsame Hobbys oder auch um den Grad geht, in dem der neue Partner eine beaufsichtigende Rolle spielen kann, müssen unter Umständen sehr feinfühlig angesprochen werden. Bleiben Sie emotional mit dem Kind in Verbindung. Achten Sie auf jene nonverbalen Hinweise, die ich überall in diesem Buch angeführt habe. Obwohl es langsam gehen mag, glaube ich, dass sich ein Kind dieser neuen Beziehung allmählich anpasst.

Sollte Ihr Expartner bzw. Ihre Expartnerin noch immer präsent und ein aktiver und engagierter Elternteil sein, so muss Ihr neuer Partner bzw. die neue Partnerin diese Tatsache entsprechend würdigen und respektieren. Ihr Kind wird sich dagegen wehren, wenn er oder sie versucht, die Rolle des anderen Elternteils zu übernehmen, und je intensiver dieser Versuch unternommen wird, desto mehr Widerstand wird das Kind leisten. Wenn es z. B. für den leiblichen Vater und Ihr Kind das Liebste gewesen ist, zu den Spielen eines bestimmten Fußballvereins zu gehen, so sollte Ihr neuer Ehemann dies vielleicht nicht gleich zu Anfang versuchen, selbst wenn er mit Leib und Seele Anhänger desselben Vereins ist.

Die neuen Geschwister

Von Fernsehshows einmal abgesehen, gibt es bei der Verschmelzung zweier Familien mit Kindern, Haustieren, speziellen Diäten, Spielzeugen und Telefonritualen von Teenagern gewöhnlich nichts zu lachen. Ihre Kinder verhandelten bei der Auflösung der Kernfamilie nicht mit, sie wurden überhaupt nicht gefragt, sie konnten auch nicht absehen, dass Sie jemand Neuen treffen und sich in ihn verlieben würden, und sie rechneten sicher nicht damit, noch mehr Brüder und Schwestern zu haben, als sie bereits ertragen.

Nun gibt es da aber dieses Kind oder diese Kinder, nicht nur im selben Viertel, sondern im selben Haus, und Sie bitten Ihre Kinder, diese vollkommen Fremden wie Brüder und Schwestern zu behandeln. Das ist ganz schön viel verlangt. Vielleicht sollten Sie nicht so viel erbitten – oder erwarten.

Die neuen Familienmitglieder langsam kennen lernen
Zu dem Zeitpunkt, an dem Sie und Ihr neuer Partner eine feste Bindung eingehen, sollten Ihre und seine Kinder schon etliche Male Gelegenheit gehabt haben, Zeit miteinander zu verbringen. Das empfehle ich ausdrücklich und denke dabei zunächst an lockere Zusammenkünfte und nicht an ein formelles Essen im Restaurant. Vielleicht können Sie einen Kinobesuch mit anschließendem Picknick oder eine Aktivität planen, die die Kinder gemeinsam unternehmen können. Anschließend beginnen Sie ein Gespräch über das Erlebte. Vielleicht können Sie auch eine der Fernsehshows mit Patchwork-Familien und entfernteren Verwandten gemeinsam anschauen und anschließend darüber sprechen, wie nahe sie der Wahrheit kommt – oder auch nicht. Wenn das Eis zu schmelzen begonnen hat und bevor Sie alle zusammenziehen, sollten Sie sich mit den Kindern beider Partner noch einmal zusammensetzen und über die Logistik des Zusammenlebens sprechen.
Hier lohnt es sich, gut zuzuhören. Tun Sie es, und lauschen Sie sorgfältig darauf, was die Kinder belastet. Wiederholen Sie das Gehörte, damit sie wissen, dass Sie ihnen zuhören und sie verstehen. Geben Sie auch offen zu, dass Sie mit ihren Überforderungen insofern mitfühlen, als Sie sie gerade selbst durchleben. Die Nomenklatur ist der Geschwisterliebe nicht eben zuträglich. Die Silbe »Halb-« oder »Stief-« vor dem Wort »Bruder« oder »Schwester« scheint das Gefühl zu rechtfertigen, dass er bzw. sie nie ein ganzes oder echtes Geschwister wird. Das ist in Ordnung. Es ist gut, Ihre Kinder zunächst einmal dazu anzuhalten, die anderen Kinder als neue Freunde zu betrachten. Als solche würden Sie sie natürlich zu den gleichen Verhaltenswei-

sen anhalten, die Sie von Ihren Kindern in jeder Freundschaft erwarten würden: Respekt vor den anderen und vor Unterschieden, Entgegenkommen und andere Zeichen der Höflichkeit. Hier handelt es sich indessen um eine Freundschaft, die Ihre Kinder nicht auf dem Spielplatz zurücklassen können. Es ist eine Beziehung, die sich auf Ihren Haushalt und auf die neue Ehe auswirken und die es auch in Zukunft erfordern wird, Differenzen auszuräumen.

Endlich einen großen Bruder

Auf der positiven Seite mögen es manche Kinder sehr, ein neues Brüderchen oder Schwesterchen zu bekommen. Vielleicht sind sie von den leiblichen Geschwistern ja nicht sonderlich angetan. Ihr einziger Sohn ist unter Umständen begeistert, wenn er einen älteren Bruder bekommt. Vielleicht ist Ihre Tochter genauso begeistert über den neuen älteren Bruder, der so viele fesche Freunde hat.

Zuneigung für eine Stieffamilie ist nichts, was Sie bei Ihren Kindern erzwingen können. Aber wie bei den anderen Veränderungen, die zu ertragen Sie Ihre Kinder gebeten haben, werden Zeit, Geduld und ein gutes Rollenvorbild ihnen auch hier helfen, diese Menschen in der sich erweiternden Familie willkommen zu heißen.

Meine Kinder – deine Kinder …

Konkurrieren Sie als Stiefelternteil nicht mit dem außen lebenden Elternteil.

Lassen Sie Ihr Kind den Kontakt zum geschiedenen Partner nach eigenen Bedürfnissen gestalten.

Schon länger bestehende Freundschaften und der Kontakt zu Verwandten geben einem Kind Sicherheit.

Hinzu kommt, dass die Bereitschaft, sich mit neuen Familienmitgliedern zu arrangieren, je nach Alter verschieden ist. Kleine und erwachsene Kinder können sich besser auf die Situation einstellen als Kinder im mittleren Alter. Hier sind die Widerstände zum Teil recht heftig. Wenn Sie sich erschöpft und hilflos fühlen, versuchen Sie, sich eine Auszeit zu nehmen.

HERZKLOPFEN VOR DER GLOTZE

Kinder und Medien

Umgang mit Tragödien
im Fernsehen

Horrorfilme und Gewalt
im Fernsehen

Seite 128–139

„Im Anfang nur das Wort – und:
Du sollst dir kein Bild machen.
Diese beiden Grund-Sätze
haben wir längst verkehrt. Ich fürchte,
nicht wenigen Kindern wird heute
erst ein Bild gemacht, ehe sie
überhaupt zu Wort kommen."

PETER HÄRTLING

Kinder und Medien

Das Problem besteht nicht darin, dass die Medien Kinder für große Themen sensibilisieren, es liegt darin, dass sie die Kinder zu sensibel machen. Es wird zu viel über Morde, Drogen und Sexualität berichtet, weil sich Nachrichtenprogramme auf diese Weise den Inserenten von Werbung und den Zuschauern verkaufen lassen. Dieser Prozess verzerrt sowohl die Wahrnehmung der Kinder als auch der Erwachsenen. Erwachsene haben jedoch zumindest die reale Welt, in die sie täglich gehen und die ihnen hinsichtlich des Ausmaßes, in dem diese Dinge ihr Leben beeinflussen, eine gewisse Objektivität vermittelt. Wie aber können Kinder vor allem in jüngeren Jahren wissen, ob nicht jede Begegnung unter Umständen verhängnisvoll ist? Die übermäßige Darstellung von Verbrechen, Gewalt und Katastrophen durch die Medien trifft die Kinder demnach doppelt. Sie sind nicht nur machtlos, etwas dagegen zu tun, sondern es fehlt ihnen auch die Perspektive, um abzuschätzen, wie schwer wiegend diese Dinge sind. Diese allgemeine Furcht verursacht ihnen wiederum mehr Stress.

Fernsehen ist nicht die Realität

Ein Weg, um Kindern zu einer gewissen Übersicht zu verhelfen, besteht darin, ihnen etwas über die verschiedenen Massenmedien und ihr Funktionieren zu erklären. Es könnte Kindern unbekannt sein, und Erwachsene müssen sich von Zeit zu Zeit daran erinnern, dass Radio- und Fernsehsender, Zeitungen und Zeitschriften Unternehmen sind, die ihren Werbekunden viele Zuhörer und Zuschauer bieten müssen. Um dieses große Publikum anzulocken, müssen die Produzenten Themen verbreiten, von denen sie glauben, dass die meisten Menschen zuschauen bzw. zuhören. Sie können Ihren Kindern erklären, dass die Medien dabei bisweilen mit der Furcht und dem Verlangen der Menschen spielen. Vielleicht gelingt es den Kindern anhand der Analogie zum Süßwarenladen, dies zu verstehen:

Fernsehen ist wie das Schaufenster eines Süßwarenladens, das den Betrachter zum Eintreten verlockt, indem große, süße, verführerische Schokolade in die Auslage gelegt wird.

Bei älteren Kindern können Sie Zeichentrickfilme einschalten und ihnen erläutern, dass die Werbung darin für junge Zuschauer ausgelegt ist. Sie können auch die Zeichentrickfilme selbst gemeinsam mit Ihren Kindern analysieren und schauen, wie das Thema behandelt wird, um Kindern in diesem Alter zu gefallen. Viele Kinder sind heutzutage ziemlich ausgefuchst und begreifen schon in jungen Jahren, wie die Medien funktionieren und worauf sie bei den Zuschauern abzielen. Erinnern Sie sie einfach daran, dass über Mord, schwere Körperverletzung und Sachbeschädigung unter Umständen eher deshalb häufiger berichtet wird, um anstelle von Journalistenpreisen lieber hohe Einschaltquoten zu bekommen.

Auf einer einsamen Insel

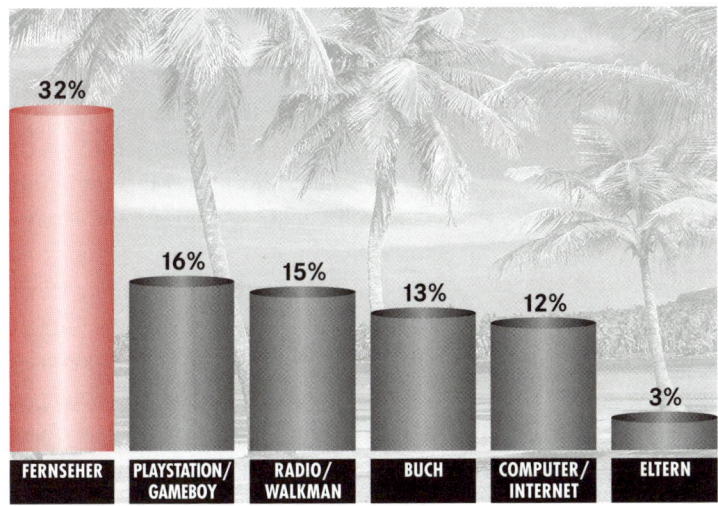

Umfrage unter Kindern zwischen 6 und 13 Jahren (805 Testkandidaten)

Nichts ist Kindern wichtiger als der Fernseher. Auf die Frage, was sie auf eine einsame Insel mitnehmen würden, kam der Fernseher auf Platz eins. Die Gesellschaft der Eltern wünschten sich nur ganze drei Prozent.

Eine positive Kampfansage

In dem Versuch, den bisweilen negativen Einfluss der Medien auszugleichen, sollten Sie Ihre Kinder in ein Gespräch über die positiven Dinge verwickeln, die sie selbst gesehen haben, über die jedoch in den Medien nicht gesondert berichtet wurde. Sie können auch das Licht im Dunkel der Nacht finden. Wenn Sie im Fernsehen Szenen sehen, in denen Menschen gerettet werden, helfen Sie Ihren Kindern, den Notarztwagen, freiwillige Helfer und helfende Nachbarn zu erkennen, oder weisen Sie auf Spendenkonten am Schluss einer Sendung hin.

Als Nächstes können Sie Ihren Kindern helfen, mit dem Stress der Welt zurechtzukommen, indem Sie ihnen durch eigene Handlungsmöglichkeiten ein Gefühl der Kontrolle vermitteln. Ermutigen Sie sie dazu, sich Fördergruppen zu suchen, denen sie sich anschließen können, an Organisationen zu schreiben und Informationsmaterial anzufordern oder lokale Hilfsgruppen herauszusuchen. Durchsuchen Sie mit Ihren Kindern das Internet nach Websites, die Ihre Kinder in eine Welt voller Möglichkeiten einführen.

Die Botschaft sollte lauten: Werde aktiv! Tu etwas! Beteilige dich am Recycling und an der Mülltrennung. Sammle Weggeworfenes von den Straßen. Spende Kleidung und Essen. Beteilige dich an Säuberungsaktionen an Stränden und in Parks. Arbeite unentgeltlich in einem Obdachlosenheim mit. Kümmere dich im Fußballverein um jüngere Mitglieder. Es ist deine Welt, beteilige dich daran. Und zeigen Sie Ihren Kindern, dass sogar die kleinen Dinge, die wir auf individueller Ebene bewirken, etwas ausmachen – für andere und für uns selbst.

Hilfe bei Angstbildern

Haben sich Bilder sozusagen in die Netzhaut eingebrannt, können Sie die »Bildschirmmethode« anwenden. Ihr Kind stellt sich vor, das Bild ist auf einem Bildschirm zu sehen. Mit »fernseheigener« Technik wird die Wirkung zurückgenommen: geistiges Wegzoomen – von Farbe auf Schwarzweiß - als Trickfilm – am Ende durch Ausschalten.

(Quelle: Medienpädagogischer Forschungsverbund Südwest)

Halten Sie auch Ihren eigenen Zynismus und negative Kommentare über den Zustand der Welt, die Politik oder auch die Medien unter Kontrolle. Seien Sie vorsichtig mit den Nachrichten, die Sie weitergeben. Sie nähren damit unter Umständen die Frustration und Verzweiflung der Kinder. Denken Sie daran: Eltern sind der Nachrichtensender, den Kinder nicht abschalten können.

Umgang mit Tragödien im Fernsehen

Menschen sterben, das ist so. Es hört sich herzlos und grausam an, aber den Kindern diese einfache Tatsache ohne falsches Pathos zu vermitteln ist der erste Schritt, ihnen im Umgang mit einem Verlust in der eigenen Familie oder in der Welt Hilfe zu leisten.

Dem Tod begegnen sie unter Umständen zum ersten Mal im Fernsehen. Selbst wenn Sie es versuchen, wird es Ihnen wahrscheinlich nicht gelingen, Ihre Kinder vor dem Tod abzuschirmen, solange ein Fernseher läuft. Jederzeit kann ihr Lieblingszeichentrickfilm unterbrochen werden, um über ein Bombenattentat, eine Naturkatastrophe oder eine Schießerei zu berichten, was Ihre Kinder in die Wirklichkeit zurückschleudert. Wie in der Einleitung dargelegt, sehen Kinder heutzutage mehr als 30 Leichen in den Abendnachrichten. In Filmen werden sie Zeuge zahlloser weiterer Tode. Selbst Zeichentrickfilme sind nicht ohne Gewalt: Durchschnittlich 30 Gewaltakte sind es pro halbe Stunde. Im Alter von zwölf Jahren hat das durchschnittliche Kind mehr als 100 000 Stunden Gewalt im Fernsehen hinter sich. Als Kinder, die an der Umfrage teilnahmen, nach ihren größten Sorgen in Bezug auf ihre Gesundheit und Sicherheit gefragt wurden, sagten 71 Prozent der Sieben- bis Zehnjährigen, sie würden sich davor fürchten, in der Schule oder zu Hause erstochen oder erschossen zu werden, und 63 Prozent gaben an, sich davor zu fürchten, jung zu sterben.

Fehlende Erklärungen verursachen Angst

Nennen Sie es Zuschauertrauma oder Terror aus zweiter Hand, seine Auswirkungen auf Kinder sind erheblich. Ohne einen Kontext für das Verständnis von Naturkatastrophen, wie Überflutungen oder Erdbeben, oder für von Menschen verursachte Tragödien bleiben Kinder mit dem Gefühl zurück, dass nichts vorhersagbar ist und Böses jederzeit geschehen kann. Mit dem Gefühl von einer ungeordneten Welt verlieren sie aber auch ihr Gefühl von Kontrolle, und das führt zu Verunsicherungen. Kinder werden dann gereizt, launisch und brechen unter Umständen in Tränen aus oder lassen Wut und Frustration an ihrem kleinen Bruder oder ihrem Hund aus.

Verzweiflung und Trauer der Familien der Opfer, die sie im Fernsehen sehen, tragen noch zu ihrer Frustration bei. »Was können wir tun, um ihnen zu helfen, Mami?«, fragen sie, und Sie fühlen sich gleichermaßen machtlos. Sie können nicht den Arm ausstrecken und die Schulter des trauernden Vaters auf der Mattscheibe berühren. Obendrein beschäftigen sich Kinder noch mit den eigenen Schuldgefühlen (»Zum Glück ist das nicht mit unserer Familie passiert!«), obwohl sie vielleicht niemals in der Lage sind, dies zu erkennen.

Wir können, wie ich früher bereits sagte, den Kindern einiges von ihren Ängsten nehmen, indem wir ihnen versichern, dass qualifiziertes Personal – Rettungseinheiten, Polizei, Feuerwehr, Sozialdienste u. a. – zu helfen versucht, wann immer Menschen leiden. Wir können auch anregen, eine örtlich oder landesweit tätige Hilfsorganisation anzurufen und zu fragen, ob wir als Familie zur Unterstützung Decken, Konserven oder Geld schicken können. Unter Umständen können wir uns auch als Freiwillige bei einem örtlichen Zentrum melden.

Kinder haben viele Fragen

Am wichtigsten ist, dass wir darüber sprechen können. Immer und immer wieder habe ich gesehen, dass es für Kinder wie für Erwachsene die beste Therapie ist, Befürchtungen auszusprechen, ihnen eine Stimme zu verleihen. Verleugnen, Negieren und Apathie helfen nicht. Sprechen Sie darüber, wie schlimm es sich anfühlen muss. Helfen Sie Ihren Kindern, ihre Gefühle in Worte zu fassen. Wenn es Ihnen schwer fällt, stellen Sie Fragen. Auch die Kinder selbst werden Fragen haben, und zwar eine Menge. Immer und immer wieder werden sie dieselben Fragen stellen. Sie verdauen Ihre Antworten nur langsam. Antworten Sie jedes Mal geduldig. Geben Sie ihnen zu verstehen, dass ihre Gefühle real, normal und gerechtfertigt sind.

Noch etwas ist zu bedenken: Als ein Anzeichen dafür, wie real die Gefühle Ihrer Kinder sind, sollten Sie davon ausgehen, dass die Schockwirkung einer tragischen Nachrichtensendung zwischen mehreren Tagen und mehreren Wochen anhalten kann.

Menschen in Not tatkräftig zu helfen ist der beste Weg aus Angst und Hilflosigkeit.

Sprechen Sie über Dinge, die Ihre Familie tun kann, um Unglücksfälle zu verhindern. Seien Sie jedoch ehrlich in Bezug darauf, dass alle Vorbereitung der Welt unter Umständen nicht ausreicht. Gehen Sie mit Ihren Kindern wichtige Telefonnummern der Polizei und der Feuerwehr durch. Zeigen Sie ihnen immer wieder, wo die Taschenlampen und der Erste-Hilfe-Koffer liegen.

Geben Sie ihnen neben der verbalen auch körperliche Unterstützung. Legen Sie den Arm um sie, was Sie bei der Person im Fernsehen oder in der Zeitung nicht tun können. Gegen die Unvorhersehbarkeit der Welt ist körperlich zum Ausdruck gebrachte Zuneigung in engem Umschlungensein der beste Schutz. Auf diese Weise können Sie Ihre Kinder wissen lassen, dass Sie sie lieben und alles in Ihrer Macht Stehende tun werden, um sie vor Unglück zu bewahren.

Zeichentrickfilme und Aggression

Gewalt in Zeichentrickfilmen ist nichts Neues. Seit es diese Form der Unterhaltung gibt, haben Kaninchen kleine Ferkel platt gemacht, Road Runner Kojoten pulverisiert, und alle möglichen anderen Figuren haben sich gegenseitig ins Jenseits geprügelt. Wie ich jedoch bereits erwähnte, hat die Gewalt in Zeichentrickfilmen zugenommen.

Wann ist es zu viel an Gewalt in einem Zeichentrickfilm? Das hängt von Ihrem Kind ab. Wenn Ihr Kind zu aggressivem Verhalten neigt, kann schon ein einziger Zeichentrickfilm mit irgendeiner Form von Gewalt darin zu viel sein. Untersuchungen zufolge erhöht Aggression in Zeichentrickfilmen aggressive Neigungen bei bereits aggressiven Kindern. Auch für nicht-aggressive Kinder ist es vielleicht besser, die Zeit mit Lesen, Gesellschaftsspielen oder dem Anschauen von Fernsehshows zuzubringen, die sozial förderliches Verhalten zeigen.

In manchen Untersuchungen konnte gezeigt werden, dass Zeichentrickfilme den Kindern neben einem aggressiven Verhalten noch andere unerwünschte Fertigkeiten beibringen können. Das bloße Anschauen der Zeichentrickfilme erhöht unter Umständen ihren Adrenalinspiegel und macht sie weniger empfindlich für Schreie und Bitten um Hilfe. Möglicherweise gewöhnen sie sich auch an die Vorstellung, dass der einzige Weg, um Aufmerksamkeit zu bekommen, im Randalieren und Toben besteht – wie bei der Hauptfigur im Zeichentrickfilm!

Die Handlungen sind Phantasie!

Sollten Eltern also das Fernsehen am Sonntagmorgen, eine der liebsten Beschäftigungen der Kinder, abschaffen? Dies zu empfehlen wäre beinahe unpatriotisch. Es gibt jedoch ein paar Möglichkeiten, mit dem aggressiven Potenzial von Zeichentrickfilmen umzugehen.

Vermitteln Sie Ihren Kindern eine objektive Sichtweise. Wenn Sie mit ihnen gemeinsam eine Sendung anschauen, weisen Sie darauf hin, wie eine Animation bewirken kann, dass Dinge anders aussehen als in Wirklichkeit. Sorgen Sie dafür, dass Ihre Kinder den Unterschied zwischen Realität und Fiktion kennen, vor allem was die menschliche Anatomie betrifft. Geben Sie ihnen zu verstehen, dass ein Mensch es nicht überleben würde, wäre er Dingen ausgesetzt, die sie gerade sehen. Weisen Sie darauf hin, wie spezielle Animationseffekte bewirken, dass Dinge anders aussehen als im täglichen Leben.

Setzen Sie Zeitgrenzen. Irgendwann ist es genug mit den Zeichentrickfilmen. Lassen Sie Ihre Kinder fernsehen, aber bleiben Sie unnachgiebig, wenn es darum geht aufzuhören. Kein Kind mag es übrigens, wenn der Fernseher mitten in einer Sendung abgeschaltet wird, nur um Zeitgrenzen zu wahren, die nach halben und ganzen Stunden festgesetzt worden sind. Demonstrieren Sie Ihrerseits Selbstbeherrschung, wenn es ums Fernsehen geht. Wenn Sie beispielsweise als Mann ein Fußballspiel anschauen, und es ist Essenszeit, dann sollten Sie sofort aufstehen, die Glotze abstellen und sich wieder der Zivilisation anschließen.

Welches Verhalten ist gut – welches schlecht?

Sprechen Sie mit Ihren Kindern über die Zeichentrickfilme. Versuchen Sie, Ihre Kinder dazu zu bringen, in Worten darzustellen, was sie aus einem Film gelernt zu haben glauben. Welche Charakterzüge des »Helden« würden sie zu imitieren versuchen? Was war verabscheuungswürdig? Geben Sie ihnen zu verstehen, dass die wütende Reaktion in dieser Situation unter Umständen nicht die bestmögliche Verhaltensweise war. Fragen Sie Ihre Kinder, wie sie ihrerseits vorgegangen wären, ohne jemandem etwas über den Schädel zu hauen. Vielleicht hätte der »Held« sein Ziel schon viel früher erreicht, indem er zu seinem Gegenüber freundlich gewesen wäre oder sich in Geduld geübt hätte.

Verhalten Sie sich nicht wie eine Zeichentrickfigur. Wenn Ihr Verhalten bisweilen dem einer verrückten oder gewalttätigen Figur aus einem schlechten Zeichentrickfilm gleicht, erhalten

Ihre Kinder eine in doppelter Hinsicht eindeutige Botschaft. Die Aggression, die sie zu Hause sehen, verstärken ihre Ansicht, dass Zeichentrickfilme letztlich vielleicht doch nicht so fiktiv sind und dass es im wirklichen Leben in Ordnung ist, sich wie Bugs Bunny zu verhalten. Dem ist jedoch nicht so.

Horrorfilme und Gewalt im Fernsehen

Manche Experten behaupten, dass Filme, die Angst machen, Kinder darin üben, Phantasie von Wirklichkeit zu unterscheiden, und ihnen dadurch helfen, Kontrolle über ihre Ängste zu erlangen. Horrorfilme eignen sich jedoch nicht für jedes Kind.

Schon vom Alltag sind Kinder häufig überwältigt. Dazu braucht es nicht noch Monster.

Nicht nur, dass jedes Kind sein eigenes Maß an Toleranz für Angstschauer hat, auch dieses Maß verändert sich mit dem Alter und dem jeweiligen Entwicklungsstadium.

Kinder im Alter von zwei bis vier Jahren sind von ihrer Entwicklung her einfach nicht für Filme wie »Jurassic Park« bereit. Sie beschäftigen sich noch immer mit fundamentalen Ängsten vor der Dunkelheit und plötzlichen Geräuschen. Selbst Fünf- bis Sechsjährige haben noch eine derart wilde Phantasie, dass sie dazu neigen, Dinge zu übertreiben, die wir als unbedrohlich oder als offensichtlich künstlich generiert erkennen. Irgendwann im Alter um sieben bis acht Jahre herum haben Kinder dann jedoch mehr Angst davor, von ihren Spielkameraden »Angsthase« genannt zu werden, als vor dem Film selbst. So tun sie sich denn mit feuchten Händen und allen übrigen Zeichen von Stress irgendwelche Friedhofsszenen an.

Wenn's sein muss – begleiten Sie Ihr Kind

Weil jedes Ihrer Kinder seine eigene Angstschwelle hat, sollten Sie älteren Kindern helfen, eine eigene Wahl zu treffen. Manche kommen mit animierten Horrorszenen zurecht, aber nicht mit Livedarstellungen. Manche vertragen die Videoversion eines Films auf dem kleinen häuslichen Bildschirm, umgeben von vertrauten Dingen, würden sich jedoch unwohl fühlen, wenn sie den Film im Dunkeln auf einer großen Leinwand und in der höhlenartigen, fremden Umgebung eines Kinos sehen müssten. Versuchen Sie, Filmkritiken zu bekommen, oder folgen Sie der Mundpropaganda anderer Kinder und ihrer Eltern, um Ihren Kindern bei der Entscheidung zu helfen. Viele Zeitschriften bieten Kurzübersichten der Filme im Hinblick auf ihre Eignung für Kinder.

Wie verhält sich Ihr Kind beim Fernsehen

Wenn Sie zu Hause mit Ihrem Kind einen Film anschauen, behalten Sie es im Auge, und achten Sie auf sein Verhalten. Sollte es kaum der Handlung folgen können und sollten Sie Anzeichen von Angst erkennen (extreme Unruhe, Schwitzen, Daumenlutschen, Festklammern an Ihnen), so fragen Sie es, ob es den Fernseher abschalten möchte. Überlassen Sie ihm die Kontrolle. Wenn es zu viel wird, sagen Sie Ihrem Kind, dass nichts Schlimmes dabei ist, einfach das Kino zu verlassen oder den Videorecorder abzuschalten. Necken Sie es nicht, und seien Sie mitfühlend. Erzählen Sie ihm, wie es war, als Sie mit 25 den »Exorzist« sahen und sich noch wochenlang danach fürchteten, allein im Haus zu sein. Ihr Kind wird erkennen, dass Sie Ihre Furcht in den Griff bekommen haben oder zumindest so klug waren, keine Filme mehr zu sehen, von denen Sie wussten, dass Sie zu ängstlich dafür sein würden.

Es hat keinen Sinn, Ihrem Kind den Konsum von Mediengewalt generell zu verbieten. Durch den Reiz des Verbotenen erhält Gewalt so nur noch mehr Aufmerksamkeit und wird eventuell noch intensiver gelernt.

IM DURCHEINANDER DES LEBENS

Kindspezifische
Stressfaktoren

Alleinsein

Unbekannte
Situationen

Seite 140–161

,, Dass die Vögel der Sorge
und des Kummers über deinem
Haupte fliegen, kannst du
nicht ändern. Aber dass sie Nester in
deinem Haar bauen,
das kannst du verhindern. "

Aus China

Kindspezifische Stressfaktoren

In einer Studie fand sich, dass wir im Laufe eines ganz normalen Tages mit rund 30 kleinen Stressattacken als Folge lästiger kleiner Ärgernisse konfrontiert sind. Die Untersucher waren der Ansicht, dass der kumulative Effekt solcher ärgerlicher kleiner Nadelstiche für die körperliche und seelische Gesundheit schädlicher sein können als ein katastrophales Ereignis.

Meine Umfrage zeigt, dass Kinder diese kleinen Stressoren im Alltag viel häufiger erleben, als ihre Eltern wahrnehmen. Die Aufregungen fordern ihren Tribut, während Körper und Geist der Kleinen durch diese vorübergehenden Augenblicke in Aufruhr geraten. Belastende Ereignisse kommen im Tagesablauf nun einmal vor. Das Beste, was wir als Eltern tun können, ist, unseren Kindern den Umgang damit zu erleichtern, indem wir ihnen eine Herangehensweise an Stress vermitteln, die zum Lebensstil wird.

In diesem Kapitel habe ich eine Reihe von Dingen zusammengestellt, die Kinder beinahe täglich in Aufregung versetzen werden. Ferner habe ich einige Verhaltensreaktionen angeführt, die Kinder wahrscheinlich zeigen werden. Wahrscheinlich könnten sie beiden Aufstellungen noch einiges aus Ihrer Erfahrung hinzufügen.

Auf den folgenden Seiten lesen Sie vernünftige Richtlinien, die eher Grundlagen als praktische Anleitungen sind. Kennen Sie Murphy's Gesetz? »Was immer schief gehen kann, geht schief.« Es hätte das Elterngesetz genannt werden sollen, weil es Eltern in die Lage versetzen kann, sich für jedes Problem verantwortlich zu fühlen, das ihre Kinder haben. »Problem« ist indessen das falsche Wort. Unannehmlichkeit, Einzigartigkeit, Gelegenheit – jeder dieser Begriffe eignet sich besser zur Beschreibung belastender Situationen, die es im Leben gibt.

Die Arbeitsvoraussetzung ist, dass Ihr Kind nicht immer perfekt ist bzw. nicht immer Ihrer Vorstellung von Perfektion entspricht. Wie schön wäre das! Wo bliebe da jedoch die Herausforderung an die Elternschaft? Sie können allen Ernstes davon ausgehen, dass Sie während Ihrer Zeit als Eltern mit mindestens einer der in diesem Kapitel besprochenen kindlichen Belastungen zu tun bekommen. Sollten Sie und Ihr Kind noch immer nichts damit zu tun gehabt haben, wenn Junior 13 Jahre alt ist, stehen Sie damit vermutlich allein.

Bevor wir uns dem »Elend« mit dem Babysitter zuwenden, lassen Sie uns von einem viel grundlegenderen Thema sprechen, das Angst verursacht. Es geht um das gegenseitige emotionale Loslassen seitens Ihres Kindes und Ihrerseits. Bei jungen Eltern ruft schon allein der Gedanke Angst hervor, ihr Kind mit jemand anderem, ja sogar mit den eigenen Eltern, von denen doch bekannt ist, dass sie mindestens ein Kind einigermaßen vernünftig aufgezogen haben, allein zu lassen. Das Band zwischen Ihnen und Ihrem Kind wird unter Umständen so stark, dass Sie sich nicht vorstellen können, wie es ohne Sie gut zurechtkommen kann, und Sie vermuten, dass es ihm ebenso geht. Ihr eigenes Bedürfnis nach Nähe und Bindung

> ### Selbsterkenntnis
>
> Stehen Sie zu Ihren Ängsten, und bewerten Sie sie nicht negativ:
>
> Ich habe Angst – das ist normal. Jeder hat hin und wieder Angst.
>
> Trotz meiner Angst versuche ich, dies oder das zu tun.
>
> Meine Angst ist berechtigt, also kann ich dies oder das nicht tun.
>
> Im Moment kann ich dies oder das nicht tun, weil meine Angst zu groß ist. Aber das wird sich ändern.

und Ihre eigene Angst vor Verlust veranlasst Sie zu denken, dass niemand besser für Ihr Kind sorgen kann als Sie selbst. Niemand kennt seine Stimmungen, Vorlieben, Gewohnheiten und Nöte – niemand weiß, dass es gerne den Bauch gestreichelt haben möchte, wenn es müde ist. Mittlerweile ist Ihr Kind vielleicht auch schon alt genug, um ähnliche Gedanken zu haben: »Nur Mami kennt meinen geheimen Punkt am Bauch.«

Babysitter

Für die Eltern bestand früher der einzige Stress in Verbindung mit Babysittern darin, jemanden zu finden, der obendrein die Haushaltskasse nicht sprengt. Heute ist das Szenario erheblich beängstigender. Nachdem in den Medien so viel über Entführungen, körperlichen und sexuellen Missbrauch, wilde Partys oder schlichtweg Vernachlässigung zu hören ist – ganz abgesehen von den Filmen über erschreckende Dinge, die geschehen, wenn Sie Ihr Kind mit jemandem allein lassen, den Sie oft kaum kennen –, sind Eltern erheblich aufmerksamer bei der Auswahl und Einweisung eines reifen, jungen Menschen, der ihr Kind für ein paar Stunden beaufsichtigen soll.

Unsere kleinen Kinder hören sicher genauso viel wie wir und außerdem noch Berichte aus erster Hand von Gleichaltrigen, von denen manche stimmen, andere wieder in hohem Maße ausgeschmückt sind. Demnach haben auch sie einen Grund, ängstlich zu sein, wenn das Thema »Babysitter« aufkommt.

Überforderung für Eltern und Kind

Bei Eltern und Kind ist also schweres emotionales Gepäck im Spiel, wenn es ans Babysitten geht. Für die Eltern leitet sich dies aus einem Schuldgefühl her. Sie wissen, dass es ihnen wirklich gut täte, einmal ohne ihr Kind zu sein, halten sich jedoch gleichzeitig für schlechte Eltern, auch nur daran zu denken. Kinder ihrerseits fühlen sich unter Umständen schuldig wegen des Wunsches, auch einmal von ihren nervenden Eltern loszukommen, fürchten sich aber andererseits vor dem Verlassenwerden.

Wenn Sie ein paar Punkte berücksichtigen, können Sie sich und Ihrem Kind helfen, damit zurechtzukommen:

Bringen Sie das Thema schon frühzeitig auf den Tisch. Sobald Ihr Kind in der Lage ist, Sie zu verstehen, sollten Sie zu erwähnen beginnen, dass Sie es eines Tages mit einem Babysitter allein lassen. Sprechen Sie darüber, als sei dies etwas ganz Natürliches im Leben.

Finden Sie einen zuverlässigen Babysitter. Leichter gesagt als getan, meinen Sie? Fragen Sie doch unter zuverlässigen Freunden nach, deren Urteil Sie trauen. Mundpropaganda ist noch immer der beste Weg, einen guten Babysitter zu finden. Sie können auch an Ihrem Arbeitsplatz oder in Ihrem Gemeindezentrum einen Zettel ans schwarze Brett hängen. Beschreiben Sie darauf die Qualifikationen, nach denen Sie suchen: Alter, Erfahrung, Einschränkungen (etwa Nichtraucher) etc.
Befragen Sie diejenigen, die sich daraufhin melden, und rufen Sie bei den Familien an, die Ihnen als Referenzen genannt werden. Keine Ausnahmen! Sagen Sie der bzw. dem Betreffenden, dass Sie zwischendurch mal hereinschauen werden – und tun Sie es dann auch! Dr. Robert Reiner, ein Psychologe, der sich auf Prüfungsverfahren in der Kinderfürsorge spezialisiert hat, sagt, dass wir dazu neigen, mehr Zeit mit dem Überprüfen eines neuen Autos als mit dem Check eines Babysitters zu verbringen. Geben Sie potenziellen Bewerbern eine Liste mit den Aufgaben, die Sie von ihnen erwarten. Das wird denjenigen, die für Sie arbeiten, zu erkennen geben, dass Sie die Verantwortung ernst nehmen, und dann werden sie es auch tun.

Ihr Kind wählt mit aus

Beteiligen Sie Ihr Kind am Entscheidungsprozess. Sorgen Sie für eine Begegnung zwischen ihm und dem Babysitter. Das ist die Nagelprobe für alle Beteiligten. Oft können Sie gleich zu Anfang erkennen, ob zwei Menschen gut miteinander auskommen werden. Sie können eine Menge über einen Menschen herausfinden, indem Sie ihn im Umgang mit Kindern und besonders mit Ihrem Kind beobachten. Nach dem eingehenden Gespräch sollten Sie und Ihr Kind die letzte Entscheidung aus dem Bauch heraus treffen. Das Wissen darum, dass sein Wunsch und seine Bedürfnisse die Entscheidung beeinflussen, dass es Macht und Kontrolle hat, wird Ihrem Kind helfen, sich wohl zu fühlen, wenn es schließlich mit dem Babysitter allein ist.

Allein im Flugzeug

Dieses Thema bildet erst Anlass zur Sorge, wenn ein Kind etwa fünf Jahre alt ist. Dies ist das Mindestalter, ab dem die meisten Luftfahrtgesellschaften einem Kind erlauben, allein und ohne Begleitung eines Erwachsenen zu fliegen.

Stimmen Sie Ihr Kind ein

Beginnen Sie Ihr Kind schon lange vor der Fahrt zum Flughafen auf die Erfahrung vorzubereiten. Hoffentlich sind Sie schon einmal gemeinsam geflogen, so dass Ihr Kleines weiß, was es vom Fliegen zu erwarten hat. Gehen Sie das Erlebnis vorher durch. Es gibt da eine Menge seltsamer und Angst machender Geräusche und körperlicher Empfindungen, die beim Fliegen auftreten. Geben Sie Ihrem Kind eine Vorstellung davon, was es erwartet, angefangen vom Warten, wenn es erst einmal an Bord gegangen ist, über das Anlaufen der Turbinen und die Möglichkeit von Turbulenzen (wie bei einer Bodenwelle im Auto) bis hin zu den Mahlzeiten, die serviert, und den Filmen, die gezeigt werden.

Ist es der richtige Zeitpunkt?

Denken Sie darüber nach, ob Ihr Kind seiner Entwicklung nach reif genug ist, um schon zu fliegen. Ist es geduldig, hyperaktiv, hat es Angst, mit Fremden zu sprechen? Kann es sich selbst mit Spielen oder Lesen beschäftigen? Erkennt es, wann es zur Toilette muss?

Wie steht es um Ihre Trennungsangst? Wie Sie wissen, folgen Kinder dem Vorbild der Eltern. Wenn die Trennung Sie nervös macht, können Sie sicher sein, dass dies auch bei Ihrem Kind der Fall sein wird. Wenn Sie nicht bereit sind, es allein ziehen zu lassen, warten Sie, bis Sie sich bei dieser Vorstellung wohler fühlen.

Machen Sie einen Probelauf. Es ist weniger belastend für ein Kind, wenn es weiß, was geschehen wird. Gehen Sie also mit ihm die Prozedur durch. Erläutern Sie jeden Schritt: Was geschieht am Abfertigungsschalter? Wer wird ihm im Flugzeug zur Verfügung stehen? Wem wird es bei der Ankunft begegnen, und wann genau wird das sein?

Was für ein tolles Abenteuer!

Konzentrieren Sie sich auf die guten Seiten. Heben Sie dennoch weiterhin den aufregenden Teil hervor. Bestärken Sie es in der Vorstellung von Spannung und Abenteuer, und sagen Sie ihm, wie stolz Sie darauf sind, dass es diese Herausforderung annimmt. Erzählen Sie ihm von all den Spielen und Extras, die die Stewardessen allein fliegenden Kindern gewöhnlich geben. Und natürlich sollten Sie Ihr Kind daran erinnern, dass auch der Zielort die Reise lohnt.

Geben Sie Ihrem Kind vertrautes Spielzeug mit an Bord. Lassen Sie Ihr Kind die Spielsachen, Puzzles, Bücher, Kassetten und alles Übrige, das es mitnehmen möchte, notfalls einschließlich einer Schmusedecke, in vertretbarem Umfang selbst aussuchen.

Vergessen Sie nicht, dass Ihr Kind

Die weite Welt – mit der Freundin zusammen eine Herausforderung, keine Bedrohung.

auch wieder nach Hause kommt. Erinnern Sie es daran, dass Sie und sein Zimmer, seine Spielzeuge, seine Freunde und seine Lieblingseidechse nur darauf warten. Wiederholen Sie mehrmals den Satz: »Wenn du wieder nach Hause kommst ...«. Lassen Sie es wissen, dass Sie es vermissen, und sagen Sie ihm, was Sie für seine Rückkehr geplant haben.

Allein zu Haus

Das Ausmaß an Erfolgsdruck bei den etwa zwei Millionen Kindern in den USA unter 13 Jahren, die sich nach der Schule zu Hause selbst versorgen, ist individuell verschieden. Bei Ihrer

Entscheidung, inwieweit Ihr älteres Kind bereit und in der Lage ist, ein paar Stunden vor Ihrer Heimkehr für sich selbst eine kleine Mahlzeit zuzubereiten, mit den Hausaufgaben bereits anzufangen oder alleine zu spielen, sollten sein Alter, seine Reife, sein gesunder Menschenverstand und sein grundlegendes Selbstvertrauen eine Rolle spielen. Darüber hinaus müssen Sie beurteilen, wie sicher Ihre Umgebung ist und ob es eine verantwortungsbewusste Person in der Nachbarschaft gibt, an die sich Ihr Kind wenden kann.

Es gibt jedoch noch eine Menge anderer Dinge, durch die Sie Ihr Kind auf seine Rolle als Schlüsselkind vorbereiten können. Das Leben als Schlüsselkind kann eine positive und stärkende Erfahrung sein, ein drastischer Beweis dafür, dass Stress sich besiegen lässt. Eine Zeit lang alleine zu sein ist eine Herausforderung für die Autonomie des Kindes.

»Mama ist nicht zu Hause!«

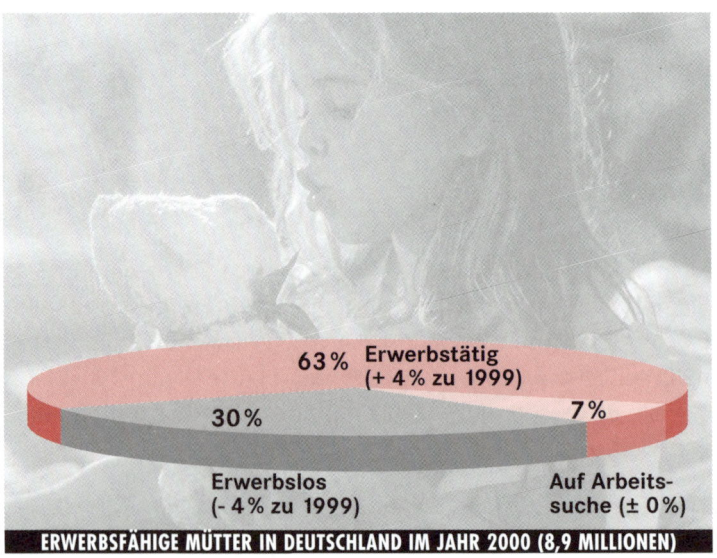

63% Erwerbstätig (+ 4% zu 1999)

30%

7%

Erwerbslos (- 4% zu 1999)

Auf Arbeitssuche (± 0%)

Statistisches Bundesamt

ERWERBSFÄHIGE MÜTTER IN DEUTSCHLAND IM JAHR 2000 (8,9 MILLIONEN)

Fast zwei Drittel aller Mütter sind erwerbstätig. Wenn man davon ausgeht, dass Väter sowieso arbeiten, sind ebenfalls zwei Drittel aller Kinder zeitweise allein zu Hause. Sich selbst organisieren ist für Kinder fast der Normalzustand.

Mögliche Notfälle vorher durchsprechen

Ein Weg, um Ihrem Kind zu helfen, sich wohl zu fühlen und auf sich selbst zu vertrauen, besteht darin, es auf alles vorzubereiten, das geschehen und ihm Angst machen kann. Machen Sie mit ihm den zuvor beschriebenen Was-wäre-wenn-Test, und fragen Sie:

»Was wäre, wenn du Rauch riechen würdest?«
»Was wäre, wenn ein Feuer ausbräche?«
»Was wäre, wenn die Toilette verstopft wäre und überliefe?«
»Was wäre, wenn das Telefon klingelte?«
»Was wäre, wenn du den Hörer abheben würdest und ein Fremder dir eine Menge Fragen stellte?«
»Was wäre, wenn plötzlich alles Licht ausginge?«
»Was wäre, wenn du Hunger bekämst?«
»Was wäre, wenn du richtig Angst bekämst?«
»Was wäre, wenn sich die Katze verletzen würde?«
»Was wäre, wenn ein Freund anriefe und zu dir kommen möchte?«
»Was wäre, wenn es plötzlich Blitz und Donner gäbe?«
»Was wäre, wenn du hinfallen und dir die Haut abschürfen oder dich schneiden würdest?«
»Was wäre, wenn du Kopfschmerzen oder Bauchschmerzen bekämst?«
»Was wäre, wenn du anfingest, dich zu langweilen?«
Stellen Sie auch ein paar dusselige Fragen, wie etwa: »Was wäre, wenn deine Lieblingssendung im Fernsehen abgesagt werden würde?«
»Was wäre, wenn plötzlich ein Fesselballon vom Himmel fallen würde?«
»Was wäre, wenn ein Clown hereinkäme und dir so viel Eis brächte, wie du nur essen kannst?«

Bieten Sie ihm für jede Frage, die es nicht beantworten kann, von sich aus eine mögliche Antwort.

Das Notfallset

Zeigen Sie Ihrem Kind den Sicherungskasten. Schreiben Sie ihm dauerhaft gültige Telefonnummern auf, beispielsweise Ihre Telefonnummer am Arbeitsplatz, die eines Nachbarn oder guten Freundes, die der Polizei und der Feuerwehr usw. Leiten Sie es an, das erste eigene Erste-Hilfe-Set zusammenzustellen, einschließlich Taschenlampe, Pflaster, Aspirin und anderer notwendiger Dinge sowie seiner bevorzugten Süßigkeit und eines Talismans, der dem Kind Sicherheit vermittelt.

Das Wichtigste ist jedoch, es zu fragen, was genau ihm bei der Vorstellung, zu Hause allein gelassen zu werden, Unbehagen bereitet. Sollten Sie feststellen, dass alle Vorbereitungen der Welt Ihrem Kind nicht die Sorgen nimmt, müssen Sie unter Umständen Lösungen wie etwa eine Tagesmutter ins Auge fassen. Halten Sie sich jedoch die Möglichkeit offen, dass das Kind in Zukunft einmal allein sein wird: »Lass uns ein anderes Mal über Dinge sprechen, die dir bei dem Gedanken, allein zu Hause zu sein, Sorgen machen. Vielleicht finden wir dann etwas, das dir hilft, dich wohl zu fühlen.«

Aber auch wenn sich Ihr Kind dazu bereit fühlt, allein zu Hause zu bleiben, müssen Sie einige seiner Sorgen vorhersehen, etwa dass es nicht gerne in eine dunkle und stille Wohnung kommt. Wer mag das schon? Sie könnten dann dazu raten, das Licht und ein Radio anzulassen.

Noch bevor Sie überhaupt darüber nachdenken, Ihr Kind allein zu lassen, können Sie es schon darauf vorbereiten: »Fass den Ofen nicht an, wenn du Flammen siehst oder wenn er gerade an war.« Oder: »Lass keine Fremden in die Wohnung, weil du nicht weißt, ob sie gut oder böse sind.« Erläutern Sie ihm die Konsequenzen, ohne ihm dabei Angst zu machen. Wenn Sie der Ansicht sind, dass Ihr Kind bereit ist, versuchen Sie, es für eine halbe Stunde allein zu lassen, und dehnen Sie diesen Zeitraum langsam aus. Bringen Sie Ihrem Kind bei, sich selbst zu ein paar Zerealien zu verhelfen, und zeigen Sie ihm, wo die Nahrungsmittel stehen. Sie können auch etwas für Ihr Kind tun, indem Sie für ein möglichst sicheres Zuhause sorgen. Halten Sie scharfe Gegenstände außerhalb der Reichweite von Kindern. Gibt es Kabel mit beschädigter Isolation? Gibt es flackernde oder demnächst erlöschende Glühbirnen? Ist die Außenbeleuchtung ausreichend? Den richtigen Zeitpunkt werden Sie erkennen, wenn Ihr Kind nicht mehr ängstlich, sondern stolz auf die neue Verantwortung ist.

Berufstätige Mütter

Einer der vielleicht häufigsten Gründe für Schuldgefühle moderner Frauen ist es, berufstätig zu sein. Mütter, die zwischen Familie und Beruf – ob Voll- oder Teilzeit – hin und her lavieren, machen sich Sorgen darum, dass die Zeit, die sie nicht bei ihren Kindern verbringen, bei diesen kurz- oder langfristig schädliche Stressreaktionen auslöst.

Die Ergebnisse einer landesweiten Studie zu diesem Thema sollten mit alten Märchen aufräumen. Es zeigte sich, dass die Auswirkungen des Berufs einer Mutter auf die Kinder hauptsächlich davon abhängen, wie zufrieden die Mutter mit ihrem Beruf ist. Soziologen, die über 600 Mütter befragten, stellten fest, dass eine Mutter, die ihren Beruf als herausfordernd, komplex, lohnend und erfüllend ansieht, häufiger bei der Arbeit Energie gewinnt und diese positive Energie und ein entsprechend positives Selbstbild auch mit nach Hause nimmt. Ihre Interaktionen mit den Kindern sind dann gleichermaßen positiv.

Ein öder Job frustriert auch Ihr Kind

Ist die Arbeit hingegen langweilig, eine monotone, nicht lohnenswerte und unbefriedigende Routine, so kommt eine Mutter in negativer Stimmung nach Hause, die sich auch auf das Verhalten der Kinder auswirkt. Bei solchen Tätigkeiten fühlen sich die Frauen abgelenkt und gereizt, und genauso verhalten sie sich, wenn sie nach Hause kommen, bis die Wirkungen der Arbeit nachlassen.

Was ist zu tun? In der besten aller möglichen Welten haben Sie einen hochgradig erfüllenden Job, in den Sie positiv eingebunden sind. Sollten Sie sich bei Beförderungen zurückhalten, weil Sie erwarten, dass die damit verbundenen höheren Anforderungen die Beziehung zu Ihren Kindern beeinflussen, so besagt diese Studie genau das Gegenteil. Selbst bei vermehrter Arbeit oder geringerem Gehalt kommen Sie in erheblich besserer Stimmung zu Ihren Kindern nach Hause. Dieses positive Selbstwertgefühl nehmen Ihre Kinder auf. Und ist es nicht genau das, wozu Sie sie ermutigen wollen? Sollten Sie aus welchen Gründen auch immer zurzeit die Zähne an einem Arbeitsplatz zusammenbeißen, der Ihnen überwiegend weniger lohnenswert und herausfordernd erscheint, als sie es gerne hätten, so versuchen Sie, zwischen die Arbeit und das Nachhausekommen eine kleine Pause zu legen, um ein wenig zu entspannen, bevor Sie den Druck weitergeben. Halten Sie an einem Fitnessstudio für eine kurze Trainingspause. Machen Sie eine Pause im Park, trinken Sie ein Tässchen Tee, lesen Sie eine belanglose Zeitschrift (kein Memo Ihres Chefs!), oder machen Sie einen zehn Minuten dauernden Spaziergang um den Block, bevor Sie nach Hause gehen.

Losung der Woche

Wählen Sie (eventuell zusammen mit Ihrem Kind) eine Charaktereigenschaft, die Ihnen besonders wichtig ist

Das ist das Motto der Woche.

Jedes Mal wenn Ihr Kind diese Eigenschaft zeigt, kommentieren Sie sie. Verzichten Sie auf Kritik.

Beobachten Sie, ob die Eigenschaft am Ende der Woche verstärkt auftritt. Es ist anzunehmen ...

Nicht zu viel arbeiten!

Sollten Sie Ihre Arbeit lieben, lassen Sie sich nicht in allzu viele Überstunden hineinziehen. Die Forschung zeigt, dass Kinder und vor allem Jungen von Eltern, die ständig Überstunden machen, bei Klassenarbeiten schlechter abschneiden als andere Kinder. Das gilt für beide Elternteile – Väter, aufgepasst!

Die Untersucher stellten ferner fest, dass Mütter, die sich extrem schuldig fühlen, weil sie so viel von ihrer Zeit der geliebten Arbeit widmen, dazu neigen, jedes Problem ihrer Kinder auf diese Tatsache zurückzuführen. In dem Bestreben, ihre Schuldgefühle zu kompensieren, versuchen nur allzu viele Mütter, dies wieder gutzumachen, indem sie ihre Kinder verziehen und zu nachsichtig mit ihnen sind.

Denken Sie daran, dass Kinder es Ihnen nicht zum Vorwurf machen, wenn Sie arbeiten. Was sie Ihnen entgegenhalten, ist, dass die Arbeit Sie davon abhält, Zeit mit ihnen zu verbringen. Schicken Sie sie also nicht nach draußen zum Spielen, um den Schrank sauber machen zu können, sondern spielen Sie stattdessen mit ihnen.

Eine Möglichkeit, die Kinder bezüglich der vielen Zeit, die Sie bei der Arbeit verbringen, zu beruhigen, besteht darin, ihnen diese »andere Welt« zu zeigen, damit sie nicht mehr so beängstigend wirkt. Nehmen Sie sie mit zur Arbeit. Stellen Sie sie Ihren Kollegen und Kolleginnen vor. Zeigen Sie ihnen, wo Sie sitzen, wenn sie von zu Hause anrufen.

Lassen Sie Ihre Kinder an Ihrer Arbeit teilnehmen

Nehmen Sie sie an einem Sonntag mit ins Büro, und lassen Sie sie dabei helfen, ein paar Papiere zusammenzutragen, oder geben Sie ihnen eine andere einfache Aufgabe. Wenn die Kinder noch jünger sind, können Sie sie neben sich auf den Boden setzen und ihnen etwas »zum Arbeiten« geben. Bei älteren Kindern hilft es auch, ihnen Ihr Verhältnis zur Arbeit zu erläutern: Warum Sie tun, was Sie tun, welchen persönlichen Nutzen Sie daraus ziehen und wie sich Ihre Tätigkeit in einen größeren Zusammenhang einordnen lässt. Dies ist unter Umständen ein natürlicher Ausgangspunkt für Gespräche darüber, was sie selbst einmal mit ihrem Leben anfangen wollen.

Wenn Sie an Ihrem Arbeitsplatz sein müssen, sorgen Sie dafür, dass Ihre Kinder genau wissen, wo Sie sind und wie sie sich am leichtesten mit Ihnen in Verbindung setzen können.

Unbekannte Situationen

Wir gehen davon aus, dass unsere Kinder beispielsweise die Ferien als sorgenfreie Zeit und endlosen Spaß ansehen. Doch überlegen Sie genau: Tun Sie es? Vielleicht nicht ganz. Es ist auch ein wenig Angst im Spiel. Wird das Hotel Ihre Reservierung gebucht haben? Reisen Sie in eine Gegend, die Ihnen nicht vertraut ist? Werden Sie Ihren Radiosender noch empfangen können? Werden Sie Freunde und Kollegen vermissen, und wird sich inzwischen die Arbeit auf Ihrem Schreibtisch häufen?

Wenn diese Dinge Sie belasten, können Sie darauf wetten, dass es Ihren Kindern genauso geht, und zwar in doppelter Hinsicht! In dieser Situation können Sie Ihre Sorgen mit den Kindern teilen. Gemeinsam sind Sie vielleicht in der Lage, die Ängste und Sorgen aller Beteiligten zu lindern. In solchen Situationen ist es am ratsamsten vorherzusehen, was Ihren Kindern Sorgen bereiten wird, und gemeinsam Wege zu finden, wie man damit zurechtkommt.

Beim Zahnarzt

Was könnte mehr Angst machen als ein Besuch beim Zahnarzt? Bedenken Sie jedoch, dass der Gedanke selbst oft mehr Angst macht als der tatsächliche Besuch beim Zahnarzt. Obwohl Eingriffe am Gebiss heutzutage wirklich schmerzfrei geworden sind und Fluorid den Zahnverfall verlangsamt hat, würden noch immer Millionen Menschen lieber alles andere tun, als zum Zahnarzt zu gehen. Zum Schaden der Kinder sind unter diesen Millionen viele Eltern. Sie sind es, die unter Umständen bei ihren Kindern zuerst jene Assoziation von Zahnarzt und Angst bewirken.

Welche Vorteile haben gesunde Zähne?

Der erste Schritt besteht also darin, jede vorgefasste Meinung fallen zu lassen. Der zweite Schritt besteht darin, die positive

Seite herauszustellen. Fördern Sie die Vorstellung, dass der Besuch beim Zahnarzt zu einer gesunden Lebensweise gehört. Eine gute Mundhygiene hilft, Löcher in den Zähnen und damit auch weitere Besuche beim Zahnarzt weitgehend zu vermeiden. Gesunde Zähne machen einen Menschen attraktiver. Und wenn Sie noch weitere Argumente benötigen, können Sie anführen, dass häufiges Zähneputzen, regelmäßiges Entfernen von Zahnstein und Überprüfungen des Zahnstatus Mundgeruch verhindern helfen!

Suchen Sie sich vor allem einen kinderfreundlichen Zahnarzt. Erkundigen Sie sich nach Empfehlungen, und zwar nicht bei Ihren Freunden, sondern bei deren Kindern. Manche auf Kinder spezialisierte Zahnärzte haben einfach eine bessere Hand für Kinder. Ich spreche hier nicht nur von denjenigen, die einem Kind nach dem Termin einen Luftballon oder eine Anstecknadel schenken oder deren Wartezimmer voller Spielzeug, Puzzles oder Bilderbücher ist – obwohl all dies hilft. Entscheidend ist der persönliche Stil des Zahnarztes. Ist er oder sie warmherzig und ernsthaft? Hört er bzw. sie Ihrem Kind wirklich zu, wenn es über seine Ängste spricht? Ist er oder sie humorvoll? Sollten Sie es für erforderlich halten, können Sie schon vorher ein Treffen mit dem Zahnarzt vereinbaren, natürlich mit Ihrem Kind, damit er Ihnen beiden beim eigentlichen Termin nicht so fremd ist.

Entspannungsübungen

Helfen Sie Ihrem Kind, sich zu entspannen. Das mag schwer fallen, aber je entspannter Ihr Kind im Behandlungsstuhl sitzt, desto weniger Schmerzen wird es verspüren. Bei etwas gelockertem Körper sind die Muskeln nicht so verkrampft und leisten dem Zahnarzt weniger Widerstand. Erinnern Sie Ihr Kind an die verschiedenen leicht zugänglichen Entspannungstechniken: Tiefatmung, besänftigende Musik, sanftes Dehnen, Anspannen und Entspannen der Muskulatur, Schließen der Augen und Konzentration auf den Lieblingsort usw.

Fremde Menschen

»Sprich nicht mit Fremden!«, sagen wir unseren Kindern einerseits, und ermutigen sie andererseits, auf Menschen zuzugehen, abenteuerlustig und unabhängig zu sein. Wir möchten, dass sie sich nicht vor Menschen fürchten, aber dennoch vorsichtig und kritisch sind. Es gibt genügend Berichte über Entführungen und andere Formen von Gewalt, so dass einige Hinweise durchaus angebracht sind. Erklären Sie Ihrem Kind, dass die meisten Menschen nicht gefährlich sind, sondern vielmehr freundlich, hilfsbereit und vertrauenswürdig. Erläutern Sie jedoch klar und nüchtern, undramatisch und ohne Aufregung in der Stimme, dass manchen Menschen nicht getraut werden kann. Bringen Sie Ihrem Kind bei, die Zeichen richtig zu deuten. Lehren Sie es, bei anderen auf Zeichen zu achten, die Aufschluss darüber geben, ob man ihnen trauen kann oder nicht: Stellen sie Blickkontakt her? Versuchen sie, das Kind zu berühren? Riechen sie nach Alkohol? Ergibt ihre Geschichte einen Sinn?

Ob jemand böse Absichten hat, muss ein Kind in Bruchteilen von Sekunden erfassen.

Gehen Sie noch einmal die Grundlagen durch: Steig niemals zu einem Fremden ins Auto. Öffne keinem die Tür, den du nicht kennst. Nimm keine Geschenke von einem Fremden an. Sollte dich jemand in einer Weise berühren, die nicht in Ordnung scheint oder schlecht ist, sag ihm, er möge es unterlassen. Lauf rasch weg, und ruf um Hilfe.

Konkrete Vorgehensweisen einüben

Gehen Sie verschiedene Szenarien wiederholt durch: »Was würdest du tun, wenn ...?« Setzen Sie dieses spielerische Quiz ein, um Ihr Kind mit dem speziellen Wissen auszustatten, das es in verschiedenen Situationen braucht. Wenn es alt genug ist, versichern Sie sich, dass es Ihre Telefonnummer auswendig kann oder sie zumindest ständig bei sich trägt. Sorgen Sie dafür, dass es genügend Kleingeld und eine Telefonkarte mit sich führt, um Sie jederzeit anrufen zu können, und zeigen Sie ihm, wie es damit umgeht. Erklären Sie ihm auch, wie man die Polizei ruft.

Konstruktive und andere Kritik

Niemand mag Kritik. Aber spätestens als Erwachsener kennen Sie sich gut genug, um zu wissen, worin Sie gut sind und worin nicht. Und Sie sind objektiv genug und verfügen über ein hinreichend dickes Fell, um mit kritischen Bemerkungen zurechtzukommen. Bei Kindern ist das anders. Sie haben keine oder nur eine geringe Vorstellung davon, worin sie gut sind. Und nicht nur das, obendrein muss es scheinen, als würde jede Minute der Kindheit damit verbracht, etwas Neues auszuprobieren, in Situationen hineingeworfen zu werden, in denen man sich vollkommen unsicher fühlt und sich dabei – ihrer Ansicht nach – der Kritik und der Lächerlichkeit anderer preisgibt. Die meisten von ihnen haben ein dünnes Fell.

Was Kinder sich verzweifelt wünschen, ist positive Verstärkung. Gleichzeitig wünschen sie sich aber auch jemanden, der ihnen Dinge zeigt, und am besten jemanden mit Amnesie, der all die unbeholfenen Versuche und Fehler, die er sieht, vergisst. Leider gibt es so jemanden nicht, und manche Kinder nehmen Projekte, von denen sie glauben, dass sie sie nicht auf Anhieb perfekt abwickeln können, gar nicht erst in Angriff. Dadurch sind natürlich eine Menge Gelegenheiten ausgeschlossen.

Kinder brauchen Ermutigung

Die Herausforderung für uns Eltern liegt darin, unseren Kindern Anleitungen in Form konstruktiver Kritik zu bieten. Per Definition werden wir jedoch die Art und Weise kritisieren müssen, in der sie etwas erledigen. Wir müssen sie dazu ermutigen, nicht in die Defensive zu gehen, wenn jemand ihnen ein Feedback zu geben versucht, vor allem, wenn es sich unter Umständen um einen besseren Weg handelt, um etwas zu erledigen.

Sie können das Vertrauen der Kinder gewinnen, indem Sie erklären, dass jedes Feedback, das Sie geben, ihnen helfen soll, das für sie Bestmögliche zu leisten. Erinnern Sie sie daran, dass Sie nur ihr Bestes wollen, auf ihrer Seite stehen und sie in jeder Weise rückhaltlos unterstützen. Erfreuen Sie sie mit Geschichten über Ihre ersten unbeholfenen Versuche mit einer Sache und hoffentlich mit einer Schilderung, wie gut Sie es heute schaffen.

Sollten Sie sich kritisch äußern, beginnen Sie mit einer positiven Feststellung. Loben Sie Ihre Kinder für das, was sie gut erledigen und was sie erreichen. Wiederholen Sie das Lob. Stellen Sie sicher, dass Ihre Kinder auch etwas von den Fortschritten hören, die sie machen, und dass Sie wissen, dass es nicht leicht war, dies zu erreichen.

Alternativen anbieten

Kritik sollte in konstruktiver Weise geübt werden. Nicht: »Du hältst den Schläger falsch.« Sondern: »Versuch, den Schläger etwas weiter oben anzufassen, um die Flugrichtung des Balls besser kontrollieren zu können.« Stellen Sie fest, was Ihr Kind richtig macht, und bestätigen Sie, dass es nicht leicht, aber zu schaffen ist.

Damit Kritik nicht unerträglich wird

Kritisieren Sie nicht, wenn Sie wütend, sondern nur, wenn Sie ausgeglichen und ruhig sind. Kritisieren Sie nicht in der Öffentlichkeit, sondern heben Sie es sich für einen Moment unter vier Augen auf. Denken Sie daran: Nicht die Seinsweise Ihres Kindes steht zur Debatte, sondern nur seine Handlungen. Mit anderen Worten: Wenn es mit Fingerfarben auf den Wänden malt, sagen Sie ihm: »Mit den Fingerfarben auf der Wand zu malen, ist schlecht.« Statt zu sagen: »Du bist schlecht, weil du mit Fingerfarben auf der Wand malst.«

Empfehlen Sie Ihrem Kind in Bezug auf Kritik von anderen, diese auf nützliche Informationen über die kritisierende Person zu prüfen. Vielleicht kritisiert ein Mitschüler das Gemälde eines Ihrer Kinder, weil er selbst als der beste Maler der Klasse gelten möchte und durch den Erfolg Ihres Kindes eifersüchtig und unsicher geworden ist. Das kommt oft vor. Auch sollte Ihr Kind sich darin üben, Kritik zu ertragen, ohne in die Defensive zu geraten oder seinerseits mit Kritik zu reagieren. Das könnte etwa dadurch geschehen, dass es kleine Sätze einübt: »Danke für deine Hinweise. Ich denke darüber nach.« Oder: »Interessant.« – Pause. Dadurch fordern Sie von Ihrem Kind, ein wenig reifer zu sein als die kritisierende Person. Hoffentlich versteht Ihr Kind intuitiv das Vertrauen, das Sie mit dieser Geste in es gesetzt haben, und wird in Zukunft versuchen, dem gerecht zu werden.

Ferien- und Freizeitstress

Auch die lang ersehnten Ferien und die damit in Verbindung stehenden Reisen sind Ursache von Ängsten. Werden die Autofahrt oder der Flug sicher sein? Werden Sie mit den neuen und alten Freunden oder Familienmitgliedern, die Sie treffen, auch auskommen? Usw. Für den Fall dieser unbekannten, verunsichernden Situationen ist es ratsam, vorher darüber zu sprechen, was Ihren Kindern Sorgen bereiten könnte, und gemeinsam Wege zu finden, wie man damit zurechtkommt.

Nehmen Sie beispielsweise Fotos von Freunden mit, wenn Sie lange von zu Hause fortbleiben. Sehen Sie neue Situationen voraus. Zeigen Sie Ihren Kindern Fotos aller neuen (und bekannten) Familienmitglieder, denen sie begegnen werden, sofern Sie zu Ihrer Familie fahren. Erzählen Sie ihnen Geschichten über die Familie, und erläutern Sie die Verwandtschaftsverhältnisse. Für Augenblicke der Langeweile sollten Sie Spiele und Spielzeug zur Hand haben.

Was tut dem Kind gut?

Für Kinder geschiedener Eltern können Ferien und Freizeiten eine ganz eigene Form von Aufregung bedeuten. In diesen Zeiten müssen die geschiedenen Eltern besonders aufmerksam sein. Dies ist nicht die Zeit, um einem Kind das Gefühl zu vermitteln, es sei ein Wunschknochen, den beide Eltern zu teilen suchen. Teilen Sie stattdessen die Zeit möglichst gleichmäßig auf. Gestatten Sie dem Kind Telefonkontakt mit dem anderen Elternteil, selbst wenn dies Ihren Wünschen zuwiderläuft.

Religiöse Freizeiten bieten Gelegenheit, um Unterschiede zwischen den Menschen auf der Welt zu erläutern. Sie sollten nicht dazu dienen, Uneinigkeit zu erzeugen. Davon gibt es ohnehin schon genug.

Stellen Sie sicher, dass es in all dem Gewühle und der Umtriebigkeit von Ferien und Freizeit noch Auszeit, Zeit zum Knuddeln und zum Verarbeiten all der Dinge gibt. Gehen Sie noch einmal durch, was Sie getan haben, wo Sie gewesen sind und wo Sie noch hingehen werden. Nehmen Sie Urlaub vom Urlaub. Ruhen Sie sich aus. Atmen Sie tief durch. Stärken Sie sich. Machen Sie hin und wieder ein Nickerchen. Strecken Sie sich. Gehen Sie raus, und machen Sie einen Spaziergang. Und schaffen Sie, so gut es geht, kleine Umgebungen, die an das Zuhause erinnern. Versuchen Sie, in all dem Chaos einer Reise oder eines Urlaubs eine gewisse Routine oder Rituale zu schaffen. Bestehen Sie auf regelmäßige Schlafenszeiten, das wird der Reise und den Ferien einiges von dem ihnen innewohnenden Stress nehmen.

Angst ums Taschengeld

Die Verunsicherungen, die Kinder in Verbindung mit ihrem Taschengeld erleben, stehen in unmittelbarem Verhältnis dazu, inwieweit Sie eine Belohnung bzw. Bestrafung daraus machen. Gedacht ist es eigentlich weder als das eine noch als das andere. Indem Sie es so erscheinen lassen, könnte Ihr Kind zu der Ansicht gelangen, Geld oder Erfolg im Gegensatz zum Erreichen eines Ziels um seiner selbst willen als Belohnung oder Strafe anzusehen.

Taschengeld ist ein erzieherisches Instrument, anhand dessen Kinder lernen können, mit Geld umzugehen, zu sehen, wie viel (oder wenig) sich damit kaufen lässt und wie man eine kritische Entscheidung oder Auswahl trifft. Das sind auch die Gründe, aus denen eine Einflussnahme auf das Taschengeld Ihres Kindes langfristig zu seinen Lasten geht. Sie durchkreuzen den Sinn des Taschengeldes. Lassen Sie Ihr Kind jedoch sein gesamtes Taschengeld schon zu Anfang der Woche ausgeben, so dass es am Sonntag, wenn es ins Kino gehen möchte, nichts mehr hat, so wird es rasch begreifen, worum es beim Budgetieren geht. Unter Umständen lernt Ihr Kind auf diese Weise auch, über eine Erhöhung zu verhandeln.

Wie viel Taschengeld ist angemessen?

Arbeiten Sie mit Ihrem Kind gemeinsam aus, was Sie beide für ein angemessenes Taschengeld halten. Zu wenig wird es zu sehr unter Druck setzen. Es ist noch zu früh im Leben, Ihr Kind jeden Pfennig umdrehen zu lassen, bevor es ihn ausgibt. Geben Sie ihm zu viel, so sieht es sich möglicherweise unter Druck gesetzt, auch alles auszugeben, oder fühlt sich schuldig, wenn es dies nicht tut. Das gemeinsame Festsetzen wird Ihr Kind zwingen, sich mit seinen wöchentlichen Ausgaben auseinander zu setzen. Es ist der erste Schritt zur Erstellung eines Haushaltsplans

Taschengeld-Orientierungswerte

Kinder bis 9 Jahre (wöchentlich)

5–6 J.	6–7 J.	8–9 J.
0,5 €	1,5–2 €	2,5 €

Kinder bis 18 Jahre (monatlich)

10–11 J.	12–13 J.	14–15 J.	16–18 J.
13 €	18 €	23–31 €	31–44 €

und in der Verwaltung von Geld. Der zweite Schritt könnte die Eröffnung eines Taschengeldkontos sein. Helfen Sie Kindern, den Umgang mit Geld zu beherrschen, dann ersparen Sie ihnen im späteren Leben eine Menge Stress!

BOTSCHAFTEN DER KINDERSEELE

Körperliche Reaktionen

Rückzugsbedürfnisse

Flucht in die Phantasie

Seite 162–186

„ Ihr Kind setzt sich mittels
seiner Phantasie mit seiner
Realität, den Ängsten, Sorgen,
Nöten, Gefühlen sowie unerlaubten
Bedürfnissen auseinander.
In der Phantasie kann es Figuren
erschaffen, die ihm helfen,
seinen Alltag zu bewältigen. "

HELGA GÜRTLER

Körperliche Reaktionen

Die Belastungen im Leben von Kindern wirken sich auf ihren Körper aus. Sollten Sie jedoch versuchen, Ihren Kindern das Warum und Wozu von Stress zu erklären, so wird dies über ihren Horizont hinausgehen. Das Auf und Ab hormoneller Umstellungen, die Extravaganzen des vegetativen Nervensystems und die übrigen Erscheinungsformen von Angst sind ihnen vollkommen gleichgültig. Ihre Erläuterungen dieser Feinheiten werden sie etwa so stark interessieren, wie eine Sondersendung über die wirtschaftlichen Aspekte des Deutsch-Französischen Krieges. Versuchen Sie, all dies vor allem dann nicht zu beschreiben, wenn sich ein Kind mitten in einem stressbedingten Wutanfall befindet – Sie würden vielleicht alles nur noch schlimmer machen. Wann immer ein Kind gestresst ist, möchte es nur noch wissen, wie man diese schlechten Gefühle wieder loswird.

Sie selbst mag es indessen beruhigen zu wissen, wie der Körper unter belastenden Situationen reagiert. Zu wissen und zu verstehen, wie körperliche Symptome einzuordnen sind, wird Ihnen helfen, die Ursachen zu erkennen, und Ihnen ein wenig Objektivität verleihen. Zu guter Letzt wird Sie das Wissen darum teilweise entlasten, dass ein wenig Aufregung (und die Reaktion Ihres Kindes darauf) ganz natürlich ist. Der Stress Ihres Kindes ist nicht immer die Folge von etwas, das Sie falsch gemacht haben!

Bettnässen

Erwachsene sprechen von »Leistungsdruck« im Bett. Aber schon viel früher ist ein kleines Kind im Bett mit einer Angst konfrontiert, wenn es nämlich feststellt, dass sein kleiner Körper noch nicht bereit oder in der Lage ist, es über die Nacht hinweg trocken zu halten. Es gibt eine ganze Reihe von Ursachen für Bettnässen, das in der Fachsprache Enuresis genannt wird. Eine von ihnen könnte die Angst eines Kindes davor sein, etwas nicht zu schaffen, von dem es aber weiß, dass seine Eltern es von ihm erwarten, obwohl es von seiner Entwicklung her noch nicht dazu bereit ist.

Bettnässen ist gewöhnlich nur eine Phase und geht vorüber. Je weniger Sie es für Ihr Kind zum Problem machen, desto weniger wird es auch zu einem. Sollte es jedoch anhalten, wenden Sie sich an einen Pädiater oder Psychologen. Wird nämlich ein anhaltendes Bettnässen nicht angegangen, so kann dies bei dem Kind die Vorstellung hervorrufen, dass es für immer bestehen bleibt.

Wissenswertes zum Thema

Es gibt eine Menge Märchen über dieses Syndrom, hier sind ein paar Fakten: Oft tritt Bettnässen familiär gehäuft auf. Bettnässen ist keine bewusste Handlung, deshalb ist Bestrafung auch keine Lösung. Bettnässer fühlen sich irgendwann, als sei etwas nicht in Ordnung mit ihnen, wenn sie ständig deswegen getadelt werden.

Bettnässer schlafen auch nicht tiefer als Kinder, die nicht bettnässen. Die Verringerung der Flüssigkeitsaufnahme vor dem Schlafengehen ist nicht unbedingt die Lösung des Problems.

Nicht überbewerten, sondern nach möglichen Ursachen suchen

Beschäftigen Sie sich mit dem Problem. Wechseln Sie die Bettwäsche, ohne das Kind zu tadeln, aber mit seiner Hilfe. Tun Sie es beiläufig, indem Sie sagen: »Beim nächsten Mal kannst du vielleicht aufwachen und zur Toilette gehen.« Sollte Ihr Kind eine Weile trocken gewesen sein und nur plötzlich wieder einnässen, suchen Sie nach einem neuen Stressfaktor. Das kann ein Umzug sein, eine neue Schule, Scheidung, der Tod eines Haustieres oder auch etwas scheinbar Harmloses wie das Umstellen der Möbel in seinem Schlafzimmer.

Indem Sie dem Bettnässen zu viel Aufmerksamkeit widmen, können Sie es verstärken. Unter Umständen ist es genau die

Handlung, von der Ihr Kind weiß, dass sie immer Ihre Aufmerksamkeit auf sich lenkt. Es kann seine Art werden zu sagen, dass es gar nicht zufrieden damit ist, wie es wegen einer ganz anderen Angelegenheit behandelt wird. Wenn es die Nacht im Hause von Freunden verbringt, geben Sie ihm seinen eigenen Schlafsack, einen zusätzlichen Pyjama und einen Plastikbeutel für den nassen Pyjama mit. Bereiten Sie die Mutter des Freundes oder der Freundin darauf vor, damit sie die Situation erfasst und Ihr Kind nichts mehr erklären muss.

Betonen Sie das Positive. Sagen Sie Ihrem Kind, es sei nicht so schlimm, andere hätten das gleiche Problem, es werde sich auswachsen. Erinnern Sie es daran, dass Sie es immer noch sehr lieben und ihm helfen möchten, die lästige Angelegenheit zu überwinden.

Nägelkauen

Der medizinische Begriff für das Nägelkauen lautet Onychophagie. Es kann die Hände eines Kindes anfällig für Infektionen machen und den Umgang mit kleinen Gegenständen erschweren. Ein zu dichtes Abkauen bis an die Kutikula (das Nagelhäutchen) kann die Fingernägel eines Kindes auf Dauer entstellen. Nicht nur, dass das Nägelkauen an sich unschön aussieht, es trägt auch nicht viel zu einem guten Aussehen der Hände bei.

Unter Umständen antwortet Ihr Kind auf die Bitte, das Nägelkauen zu unterlassen: »Jeder tut es.« Es hat nur zum Teil Recht. Die Hälfte der Kinder, die an der Umfrage »Stress bei Kindern« teilnahmen, gaben an, an den Nägeln zu kauen, womit dieses Verhalten an vierter Stelle der Verhaltensmerkmale, die Überforderungen auslösen, rangierte.

Überdruck abreagieren

Viele Kinder kauen an den Fingernägeln, wenn sie sich langweilen oder unter Stress stehen. In beiden Fällen haben sie überschüssige Energie und keine Möglichkeit, sie zu kanalisieren. Sie sind zappelig, können nicht umherrennen und niemanden boxen. Was bleibt? Die guten alten Fingernägel. Manche Kinder hören erst damit auf, wenn Blut fließt. Ständig sind ihre Fingernägel voller Risse und abstehender, spitzer Stücke, die sich dann in der Kleidung und an Papier verfangen und noch mehr Schmerzen verursachen.

Hilfe für kleinere Kinder
Es kann sich um eine vorübergehende Phase handeln, so dass Sie nach kurzer Zeit merken, wie die Angewohnheit wieder verschwindet. Wenn Sie Ihr Kind necken oder mit ihm schimpfen, machen Sie es nur schlimmer. Wenn es anhält, versuchen Sie es mit einem Ersatz, wie etwa einem weichen Gummispielzeug, an dem das Kind saugen und mit dem es spielen kann. Wenn das Kind aus Langeweile an den Nägeln kaut, sollten Sie ihm jedes Mal, wenn Sie es dabei ertappen, raten, mit Fingerpuppen, Ton, Fingerfarben oder irgendetwas anderem zu spielen, das seine Hände beschäftigt und vor allem mit einer anderen Substanz bedeckt hält. Halten Sie die Fingernägel des Kindes sauber und glatt gefeilt. Helfen Sie ihm, der Versuchung zu widerstehen, indem Sie die Notwendigkeit beseitigen, die Zähne zu benutzen, um die Fingernägel von Fransen an den Rändern zu befreien.

Hilfe für ältere Kinder
Beobachten Sie die Gewohnheiten des Kindes. Manche merken nicht, wie oft sie ins Nägelkauen verfallen. Arbeiten Sie am Wochenende mit ihrem Kind daran, sein Nägelkauen aufzuzeichnen. Es kann schließlich nicht eine Gewohnheit aufgeben, deren es sich gar nicht bewusst ist. Lassen Sie Ihr Kind zu Hause Handschuhe tragen. Das könnte auch bei kleineren Kindern funktionieren. Empfehlen Sie ihm, die Fäuste zu ballen. Sagen Sie ihm, es solle jedes Mal, wenn das Verlangen es überkommt, kräftig die Fäuste ballen, bis der Anfall vorüber ist. Versuchen Sie es mit einer Verhaltensmodifikation. Verteilen Sie Sterne

oder Punkte für jede Stunde oder jeden Tag, den es ohne Nägelkauen zubringt. Schaffen Sie ein System, nach dem Ihr Kind Sterne oder Punkte gegen Privilegien eintauschen kann. Versuchen Sie es mit Nagellack.

Risikoverhalten

Als die Kongressabgeordneten Sonny Bono und Michael Kennedy am Neujahrswochenende 1997/98 beide bei einem Skiunfall ums Leben gekommen waren, wurde ich häufig gefragt, ob manche Menschen sich tatsächlich aktiv nach Risikoverhalten suchen.

Meiner Ansicht nach gibt es drei verschiedene Gründe, aus denen Menschen ein solches Verhalten an den Tag legen. Sehen Sie selbst, ob einer von ihnen auf Ihr Kind zutrifft.

Das Verhalten ist angeboren

Manche Menschen scheinen mit einem Gehirn zur Welt zu kommen, das sich leicht und rasch zu langweilen beginnt. Nicht unbedingt wie eine Aufmerksamkeitsstörung oder ein hyperkinetisches Syndrom geartet, lässt sich Risikoverhalten schon im Säuglingsalter bei Babys beobachten, die wiederholt versuchen, aus ihrem Bettchen zu kriechen, selbst wenn dies die Gefahr bedeutet, immer wieder auf den Boden zu fallen. Diese Babys werden zu Krabbelkindern, die auf alles losgehen. Später wahren sie dann ein kippeliges Gleichgewicht am Rand eines Schwimmbeckens oder an einem Steilhang.

Grenzerfahrungen fördern das Selbstvertrauen. Aber man muss wissen, wann es genug ist.

beckens oder an einem Steilhang. Älter geworden, gehen sie dann aggressivere körperliche Risiken ein. Sie nehmen an Dingen teil, die ans Gefährliche oder Illegale grenzen. Vielleicht machen sie auch hochgradig kreative und innovative geistige Sprünge, die außerhalb traditioneller Grenzen sozialer Akzeptanz liegen. Diese Haltung, Risiken einzugehen, kann sie zu brillanten Intellektuellen, mutigen Soldaten, unglaublich graziösen Athleten oder Tänzerinnen machen – oder ihnen eine Menge Probleme bereiten.

Das Verhalten ist gelernt

Es gibt eine Menge Menschen, die als Vorbild für riskantes Verhalten wirken. Wenn Kinder sehen, wie jemand mit solchem Verhalten davonkommt und vielleicht sogar Nutzen daraus zieht, stellen sie sich vor: Es hat ihm genutzt, es wird auch mir nutzen. Und so versuchen sie dann etwas – irgendwas – außer der Reihe. Wenn es einmal funktioniert, versuchen sie es noch einmal und noch einmal, bis es sie langweilt. Dann machen sie sich an etwas noch Riskanteres, etwas, das noch mehr Adrenalin durch ihre Adern jagt. Dann werden sie als der Teufelskerl der Familie bekannt, und diese Bezeichnung wird zur sich selbst erfüllenden Prophezeiung.

Kinder können riskantes Verhalten auch aus der Lebensweise der Eltern lernen. Andere versuchen, damit Aufmerksamkeit zu erregen. Selbst negative Aufmerksamkeit, etwa wenn man den Klassenraum verlassen und sich beim Direktor melden muss, ist für manche besser als keine Aufmerksamkeit und reicht für manche Kinder schon aus, die Verhaltensweise zu wiederholen.

Es ist ein psychopathologisches Symptom

In selteneren Fällen ist riskantes Verhalten das Symptom einer klinisch diagnostizierbaren psychischen Erkrankung, etwa einer Depression. Weil aber eine Depression im Kindesalter ganz anders aussieht als bei Erwachsenen, erkennen die Eltern sie wahrscheinlich seltener als solche. Erwachsenen, die an Depression leiden, fällt es unter Umständen schwer, aus dem Bett zu kommen, während sich Kinder eher in Aktivitäten stürzen.

Bei jungen Leuten wirkt der Adrenalinstrom wie eine Schocktherapie oder ein Antidepressivum, das sie aus ihrer Lethargie reißt. Ältere Kinder tun dies vielleicht mit Stimulanzien wie Kokain oder Nikotin. Dann bringen sie sich mit Alkohol, einem beruhigenden Stoff, wieder runter. Kleinere Kinder tun dasselbe durch ein Risikoverhalten, welches das Adrenalin auf einem hohen Pegel hält. Später gewöhnen diese Menschen sich daran und werden sogar abhängig davon, sich ihren Kick durch gefährliche Aktivitäten zu holen. Es wird zu ihrem Lebensstil. Sollten Sie glauben, dass Ihr Kind durch sein Risikoverhalten eine Depression bekämpft, suchen Sie schnell um professionelle Hilfe nach!

Die Botschaft erkennen

Ob es nun bereits ins Hirn programmiert oder erlernt wurde oder ob es Folge einer psychischen Erkrankung ist: Risikoverhalten löst bei einem Kind und zweifelsohne bei jedem in dessen näherem Umfeld Angst aus. Hinweise darauf, was Kindern geschehen kann, die es nicht lernen, ein derartiges Verhalten zu kontrollieren, zeigten sich in einer Studie, aus der sich ein starker Zusammenhang zwischen jungen Teenagern mit Risikoverhalten und Suizid ergab. Besonders fiel mir eine Zeile in der Studie auf, die von »Kleinigkeiten« handelte, etwa die Weigerung, im Auto einen Sicherheitsgurt oder auf dem Mofa oder Motorrad einen Helm zu tragen.

Manche Eltern fragen sich, ob ihre Kinder etwas zeigen, das sie als masochistisches Verhalten bezeichnen. Mit anderen Worten: Die Kinder scheinen sich Schaden zufügen zu wollen. Ich glaube nicht, dass dies zutrifft. Ich glaube, dass fast alles, was Kinder sagen oder tun, einen Versuch darstellt, etwas besser zu machen und die unangenehmen Auswirkungen von Erwartungsdruck loszuwerden. In diesem Fall müssen die Eltern sich fragen, für was das Risikoverhalten eine rasche Lösung bietet. Was versuchen die Kinder besser zu machen? Sind sie deprimiert und versuchen, einen Adrenalinstoß zu bekommen?

Fehlt es ihnen an Aufmerksamkeit anderer? Entwickelt sich z. B. ein Junge körperlich langsamer als andere Jungen und versucht nun, »den dicken Max zu markieren«? Setzt sich z. B. ein Mädchen für Jungen besonders in Szene, um ihre weiblichen Qualitäten zu beweisen? Versuchen sie lediglich ihren Eltern zu zeigen, dass sie nicht länger als das »Baby« der Familie behandelt werden möchten?

Möglichkeiten zur Energieabfuhr schaffen

Denken Sie auch hierbei daran, dass die Absicht Ihres Kindes, unabhängig davon, was es tut, darin besteht, einen emotionalen, mentalen oder physischen Schmerz zu beseitigen, und nicht darin, ihn zu erzeugen. Ihre Aufgabe ist es zu versuchen, die Ursache zu erkennen und Ihrem Kind bei der Suche nach Lösungen zu helfen. Die Eltern von Risikokindern müssen diesen helfen, etwas persönlich Lohnenswertes und Erfüllendes zu finden, um deren Energien zu kanalisieren. Sie müssen den Versuch aufgeben, sie zum Stillsitzen zu bewegen, und ihnen stattdessen helfen zu lernen, wie sich diese Energien auf positive Weise einsetzen lassen.

Zucker und Stress

Sie kennen es: Geben Sie Ihrem Kind einen Riegel Schokolade, springt es plötzlich vor Energie auf und ab wie ein Gummiball. Sie sind sicher, dass die Auswirkungen des Zuckers in der Süßigkeit die Überaktivität und weitere negative Reaktionen auslösen. Sie vermuten, dies sei die Erklärung dafür, dass Ihr Kind sich aus einem kooperativen Mr. Jekyll in einen ungehorsamen Mr. Hyde verwandelt.

Doch hier ist die Überraschung! Untersuchungen zeigen, dass nur ein sehr geringer Prozentsatz von Kindern auf Zucker überempfindlich reagiert. Häufiger ist das Verhalten, das Sie da wahrnehmen, auf eine Kombination von Faktoren zurückzuführen: auf einen natürlichen Ausbruch von Energie, auf die Begeisterung über eine lang ersehnte Belohnung, ja sogar auf die Vermutung von Eltern, dass Zucker eine derartige Reaktion auslöst. Außerdem geben wir Kindern gewöhnlich nach dem Essen etwas Süßes, so dass der Ausbruch an Energie auch auf alles Übrige zurückzuführen sein könnte, das sie gegessen haben, oder auf die freudige Erwartung, aufstehen und die Tafel verlassen zu dürfen.

Andere Faktoren beachten

Selbst bei Kindern, die nicht besonders empfindlich darauf reagieren, wird Zucker sehr rasch verstoffwechselt und in die Blutbahn abgegeben, beginnt dort zu wirken, wird wiederum verstoffwechselt und lässt die Kinder leicht ermattet und benommen zurück. Eltern, die feststellen, dass ihr Kind verstärkt auf Zucker reagiert, sollten vor allem auch die oben genannten Umstände beobachten, bevor sie beschließen, dass es überempfindlich auf Zucker reagiert. Nutzen Sie Süßes auch nicht als Belohnung, um schlechtes Benehmen zu verhindern. Sie verstärken unter Umständen nur das Verhalten, dem Sie eigentlich entgegenzuwirken versuchen. Kontrollieren Sie auch Ihren eigenen Heißhunger auf Zucker, sonst bringen Sie Ihren Kindern bei, sich auf falsche Weise das Leben zu versüßen.

Rückzugsbedürfnisse

Bisweilen ist es eine sich selbst erfüllende Prophezeiung, ein Kind als schüchtern zu bezeichnen. Gleiches gilt für die Kategorie »sensibel«, die ich als Nächstes bespreche. Wenn ein Kind zurückhaltend ist, sich nur schwer mit jemandem anfreundet und ruhig und reserviert ist, fragen sich die Eltern sorgenvoll, ob dies auf ihr eigenes Handeln zurückzuführen sein könnte. Viel wahrscheinlicher ist es hingegen das Temperament des Kindes. Forschungsergebnisse weisen darauf hin, dass immerhin 48 Prozent der amerikanischen Erwachsenen schüchtern sind, d. h. sich in gesellschaftlichen Situationen unwohl fühlen, und dies bisweilen sogar bis zu dem Punkt, dass es ihre Fähigkeit beeinträchtigt, das Beste aus ihrem Leben zu machen.

Wer sich zurückzieht und so hinter seinen Möglichkeiten zurückbleibt, verpasst viele beglückende Momente im Leben. Hier heißt es für Eltern, sich einerseits geduldig, andererseits konsequent dieser Thematik anzunehmen. Bestärken Sie Ihr Kind in seinem Selbstwertgefühl, aber akzeptieren Sie nicht immer seinen Hang, die Gesellschaft anderer oder Konfrontationen überhaupt zu meiden.

Schüchternheit

Die meisten schüchternen Kinder kommen wirklich einfach so zur Welt. Es wird vermutet, es sei das sympathische Nervensystem, mit dem manche Kinder zur Welt kommen und das sie zu dem prädisponiert, was wir dann als schüchtern bezeichnen. Ihre neuralen Netzwerke scheinen auf etwas zu reagieren, das sie als bedrohliche Reize wahrnehmen und das in der Folge dieselben Hormone stimuliert, die bei der Kampf-oder-Flucht-Reaktion freigesetzt werden. Dieser »scheue« Charakterzug lässt sich schon bei vier Monate alten Säuglingen feststellen, sagt der Entwicklungspsychologe Jerome Kagan. Werden sie Dingen wie sich bewegenden Mobiles, einem in Alkohol getauchten Q-Tipp oder einer

Von Grund auf friedfertig, bewahrt sich ein zurückhaltendes Kind einen freundlichen Blick.

Bandaufzeichnung der menschlichen Stimme ausgesetzt, zeigen etwa 20 Prozent der Säuglinge ein Muster extremer Reaktivität des Nervensystems. Gestresst strecken sie krampfhaft Arme und Beine aus, verziehen das Gesicht und weinen. Besonders beachtenswert ist, dass sich ihr Herzschlag beschleunigt. All dies sind Anzeichen dafür, dass bei diesen Babys psychische und physische Stressreaktionen in Gang gekommen sind. Während des Heranwachsens lernen es diese von ihrem Nervensystem her hoch empfindlichen Kinder, Situationen zu vermeiden, die Angst und Furcht auslösen könnten.

Ein vererbter Wesenszug

Kagan fand auch eine mögliche Verbindung zwischen Eltern und Kindern, die dafür spricht, dass dieser Charakterzug weitgehend erblich ist. In einer anderen Studie fand sich außerdem, dass Eltern und Großeltern gehemmter Kinder mit größerer Wahrscheinlichkeit angeben, als Kind selbst schüchtern gewesen zu sein, als dies bei Verwandten nicht gehemmter Kinder der Fall ist.

Schüchternheit ist weder gut noch schlecht, kann jedoch einige Probleme bereiten. Wir wissen, was einem schüchternen Kind alles an lustigen Augenblicken und interessanten Menschen entgeht, und doch können wir mit dem Angst auslösenden Gefühl mitschwingen, bei dem man unsichtbar sein und unter die nächste Decke kriechen möchte. In unserer Kultur ist Schüchternheit eine negative Eigenschaft. Bei Jungen und Männern führen die Erwartungen und Annahmen bezüglich ihrer Geschlechterrolle dazu, dass Schüchternheit gleichbedeutend mit Mädchenhaftigkeit ist. Die Forschung zeigt, dass zwar mehr Mädchen als Jungen schüchtern sind, Jungen dies jedoch als schmerzlicher empfinden. Sobald wir indessen erwachsen geworden sind, verschwinden die Geschlechtsunterschiede bezüglich der Schüchternheit.

Sich zeigen lernen

Nichtsdestoweniger kann Schüchternheit die Entwicklung eines Kindes erheblich komplizieren und dabei auch ganz sicher seine Selbstachtung beeinträchtigen. Sie hält es davon ab, in der Schule eine wichtige Frage zu stellen. Sie wird es erstarren lassen, wenn es sich gerade jemandem freundschaftlich nähern möchte. Es wird sich von einem Raufbold herumschubsen lassen. Aus Angst, dass sie nicht angenommen wird, wird es eine sehr kreative Idee unterdrücken. Und was vielleicht das Schlimmste ist: Viele Menschen werden nie auf die gedankenvolle und nette kleine Person treffen, als die Sie Ihr Kind kennen. Sie werden nie das Vergnügen haben, Ihrem Stolz und Ihrer Freude zu begegnen!

Werden aus schüchternen Kindern zwangsläufig auch schüchterne Erwachsene? Können Eltern irgendetwas tun, um einem schüchternen Kind zu helfen, sich abzuhärten und herausfordernde soziale Begegnungen zu haben? Die Antwort auf beide Fragen lautet: Ja! Sie können sogar eine ganze Menge tun, um zu helfen. Beispielsweise sollten sie nicht überbeschützend sein, da ihr Kind sonst nie die Möglichkeit erhält, Fertigkeiten zu entwickeln, die es benötigt, um ein gewisses Maß an Behaglichkeit in der Welt zu finden. Es wird nur noch schüchterner und für den Umgang mit Menschen noch weniger gerüstet. In einer Studie fand sich auch wirklich, dass ein Kind, dessen Eltern es nicht vor belastenden Situationen abschirmen, seine Schüchternheit überwindet. Es ist jedoch ein heikler Balanceakt. Wenn Sie ein Kind in schwierige Situationen hineinstoßen, wird es Ihnen dies übel nehmen und sich nur noch mehr in sein Schneckenhaus zurückziehen.

Wie verhalten Sie sich selbst?

Obwohl große Schüchternheit mühsam erscheint, sollten Sie dabei auch an Ihre eigene Rolle denken. Schüchternheit kann eine Verhaltensweise sein, die durch Beobachten anderer Menschen erworben worden ist. Und wen beobachtet Ihr Kind von Geburt an? Sie!

Einige psychologische Studien zeigen auch, dass Schüchternheit unter Umständen durch inkonsistente frühkindliche Versorgung seitens der Eltern gefördert wird. Erhält ein Säugling kein konstantes Maß an sanfter, fürsorglicher Zuwendung, so entwickelt sich unter Umständen zwischen ihm und seinen primären Versorgern eine unsichere Beziehung. Das Baby bringt diese Unsicherheit in alle Beziehungen mit ein, indem es sich Menschen zurückhaltend und schüchtern nähert. Wenn es dann heranwächst und von seiner Umgebung auch als schüchtern bezeichnet wird, lebt es diese Etikettierung unbewusst weiter aus.

Nicht überbehüten, aber auch nicht drängen

Es gibt eine Reihe von Dingen, die Eltern tun können, um einem schüchternen Kind zu helfen: Behandeln Sie Schüchternheit nicht als Charakterfehler Ihres Kindes. Sie sollten es deshalb weder lächerlich machen noch hänseln. Denken Sie auch nicht, es sei eine böse Krankheit, etwa wie ein Ausschlag, den man loswerden müsste. Bei dem Charakter des Kindes und gegebenen Einflüssen aus der Umgebung ist es bisweilen ein intelligenter Abwehrmechanismus – ebenso wie andere Versuche der Stressverminderung.

Unter Druck

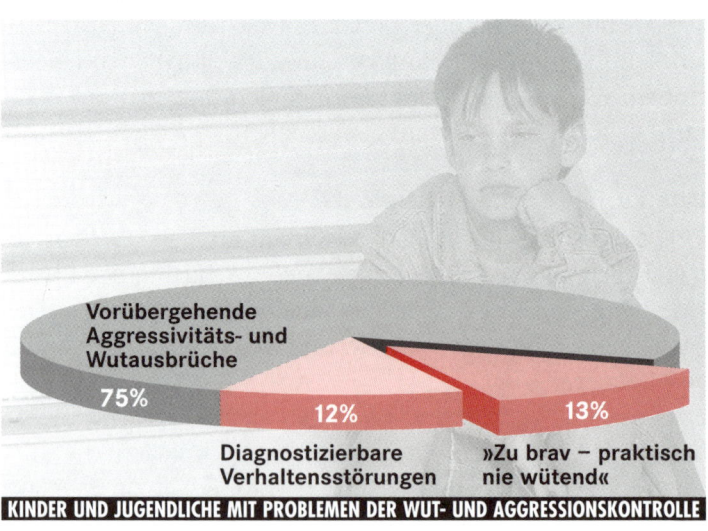

Vorübergehende Aggressivitäts- und Wutausbrüche **75%**

Diagnostizierbare Verhaltensstörungen **12%**

»Zu brav – praktisch nie wütend« **13%**

Add-Online

KINDER UND JUGENDLICHE MIT PROBLEMEN DER WUT- UND AGGRESSIONSKONTROLLE

Kinder, die fast immer höflich und still sind, haben manchmal ein Problem damit, ihre Wut herauslassen zu können. Sie sollten ermutigt werden, ihre Gefühle zu zeigen, denn das macht aggressives Verhalten unnötig.

Seien Sie beständig in Ihrer Liebe und Unterstützung. Ein schüchternes Kind kann zu einem unsicheren Kind werden, wenn es den Eindruck gewinnt, seine Eltern zu enttäuschen. Überschütten Sie es mit bedingungsloser Liebe, Unterstützung, Respekt und Verständnis und positiver Verstärkung. Seien Sie sich dabei besonders bewusst, dass gemischte Botschaften ein Kind wieder in seinen Rückzug treiben können.

Schirmen Sie Ihr schüchternes Kind nicht ab. Denken Sie daran, dass Kinder, die sich vor sozialer Interaktion fürchten, niemals die zur Bewältigung ihrer Schüchternheit erforderlichen sozialen Fertigkeiten erlernen, wenn man ihnen erlaubt, sich aus Situationen davonzustehlen, die sie als schwierig empfinden. Denken Sie jedoch darüber nach, neue Spielkameraden zunächst einmal zu sich nach Hause einzuladen, statt dass Ihr Kind zu ihnen geht.

Drängen Sie Ihr schüchternes Kind nicht. Kinder zu etwas zu zwingen, zu dem sie noch nicht in der Lage sind, endet unter Umständen damit, dass sich in ihnen die Vorstellung verfestigt, diesen Situationen nicht gewachsen zu sein. Versuchen Sie, Ihr Kind in Situationen zu bringen, in denen beide Seiten gewinnen, etwa indem Sie es mit Kindern zusammenbringen, von denen Sie wissen, dass sie fröhlich, hilfsbereit und mitfühlend sind. Dominante Kinder sind für Ihr Kind in diesem Stadium vielleicht noch ein bisschen viel.

Nur eine vorübergehende Phase

Machen Sie sich klar, dass Schüchternheit auch zu einem bestimmten Entwicklungsalter gehören kann. Nur wenige Zwei- bis Dreijährige sind nach außen gewandt. Auch mit sechs Jahren sind noch beinahe die Hälfte aller Kinder manchmal schüchtern. Schüchterne Kinder – und fast alle anderen Kinder auch – werden in Übergangsphasen mit besonderem Druck zu tun haben, etwa beim Wechsel von der Grundschule auf eine weiterführende Schule, wenn sie eine Zahnspange bekommen, wenn ihre Eltern sich trennen oder wenn die Familie umzieht.

In diesen Zeiten sollten Sie besonders verständnisvoll sein. Im Teenageralter wird es unter Umständen noch schlimmer. Während neue Hormone wild durch ihren Körper rasen und ihnen seltsame neue Empfindungen durch den Kopf schwirren, erleben Kinder derart gravierende Veränderungen, dass sie von Gefühlen des Nichthineinpassens verzehrt werden. Um so unbeholfener, weniger selbstbewusst und schüchterner fühlen sie sich dann auch.

Übersensibilität

Manche Kinder wachsen mit der Bezeichnung »hochsensibel« auf, einem Etikett ähnlich dem der Schüchternheit. Psychologen ordnen immerhin 15 bis 20 Prozent aller Kinder als sehr sensibel ein und beschreiben sie als sehr empatisch und empfänglich für das Verhalten und die Emotionen anderer Menschen, eher sich beugend als wettbewerbsorientiert, ihren Eltern zufolge beinahe »zu gut«, allem, was sie tun, intensiv hingegeben und als Perfektionisten.

Auf das Verhalten überträgt sich das, indem solche Kinder leicht weinen und rasch verletzt sind, weil sie auch leichte Kritik und leichtes Hänseln schon verstärkt wahrnehmen. Sie nehmen alles – Gardinenpredigten, Ratschläge, konstruktive Bemerkungen – persönlich. All dies macht sie natürlich auch zu einem leichten Ziel für andere Kinder, so dass mehr als üblich auf ihnen herumgehackt wird.

Unter Berücksichtigung der Tatsache, dass Sensibilität und auch erhöhte Sensibilität oft Teil des Genpakets ist, das Ihr Kind von Ihnen mitbekommen hat, sollten Sie folgende Schritte in Betracht ziehen, mit denen Sie Ihrem Kind helfen können, damit zurechtzukommen:

Beschützen Sie es nicht im Übermaß. Wenn Sie Ihr Kind zu verschieden von anderen Kindern behandeln, verstärken Sie unter Umständen letztlich nur sein sensibles Verhalten. Es wird sich selbst als anders oder empfindlich sehen und sich nie die Chance einer Veränderung geben.

Warum reagiert Ihr Kind so heftig?

Setzen Sie sich mit den Tränen Ihres Kindes auseinander. Wenn unsere Kinder in der Öffentlichkeit weinen, zeigen die meisten von uns mehrere Reaktionen. Eine davon ist leichte Verlegenheit: Stört oder verärgert es andere Menschen? Was sagt dies über meine Fähigkeiten als Elternteil? Wird die Umgebung mein Kind als unglücklich ansehen? All dies sind ganz normale Bedenken. Gleichzeitig versuchen Sie, darüber nachzudenken, ob und wie Sie Ihr Kind disziplinieren. Sie fragen sich auch, worüber Ihr Kind sich aufregt. Ist es krank, hat es Schmerzen, ist es hungrig? Und sein Schreien beginnt dann auch Sie aufzuregen. Dabei regt sich der Kleine z. B. nur auf, weil ihn der Busfahrer böse angeschaut hat. Wenn Ihr Kind in der Öffentlichkeit weint, ist es am besten, ganz sachlich festzustellen, dass Sie sein Unglücklichsein verstehen und dass Sie, sofern es sich nicht um notfallbedingtes Weinen handelt, zu Hause herausfinden und beseitigen werden, was es stört. Und lassen Sie es wissen, dass Sie ihm gerne helfen würden, einen anderen Weg als Tränen zu finden, um anderen seine Gefühle und Bedürfnisse bewusst zu machen. Sie können ihm dann in der Tat andere Formen empfehlen, um sein Überfordertsein mitzuteilen, die es beim nächsten Mal anwenden kann.

Ohne Fehler kein Radiergummi

Üben Sie Flops. Wenn etwas bei einem übersensiblen Kind mit Sicherheit Stress auslöst, dann ist es, Fehler zu machen. Halten Sie Ihr Kind dazu an, sich klarzumachen, dass wir alle einmal Fehler machen, das ist der menschliche Faktor. An dieser Stelle können Sie eine Analogie zum Radiergummi herstellen: Wenn niemand jemals einen Fehler machen würde, wäre der Radiergummi nie erfunden worden. Sie können auch vorführen, wie man mit einem Flop umgeht. Lassen Sie etwas fallen, z. B. ein Telefonbuch, und geben Sie dann öffentlich eine gut durchdachte Entschuldigung von sich. Oder betreten Sie einen Raum mit einer entsprechenden Bemerkung.

Reduzieren Sie die Reaktion Ihres Kindes nicht zu stark. Das Ziel ist hier, Ihr Kind dazu zu ermutigen, etwas weniger überempfindlich zu werden. Gleichzeitig müssen Sie die Tatsache würdigen, dass sein Unwohlsein ihm Unbehagen ähnlich jedem realen Stress verursacht. In seinem Erleben ist die Welt ihm gegenüber sehr kritisch. Das ist für Ihr Kind real, also ist es auch real. Zeigen Sie ihm gegenüber so viel Verständnis, wie Sie können. Versuchen Sie es einmal mit dem Satz: »Ich verstehe, dass das schrecklich für dich ist.«

Hinter seinen Möglichkeiten zurückbleiben

»Er leistet nicht, was er könnte«, nennen es die Lehrer. Eltern bezeichnen es als frustrierend. Und was sagen die Kinder? Sie möchten einfach in Ruhe gelassen werden.

Immerhin fällt einer von fünf amerikanischen Schülern – viele von ihnen helle und intelligent – in die Kategorie derer, die hinter ihren Möglichkeiten zurückbleiben. Solche Schüler finden sich auf allen Intelligenzebenen, sind jedoch meist überdurchschnittlich begabt, wie Testergebnisse belegen. In der Regel sind es freundliche, gehorsame und nur selten gewalttätige Kinder. Ihr familiärer Hintergrund ist verschieden, die meisten haben jedoch Eltern mit einer guten Ausbildung. Außerdem sind fast 75 Prozent von ihnen Jungen, sagt der Psychologe Jerome Bruns, Spezialist auf einem neuen Gebiet, der so genannten Arbeitshemmung.

Verantwortung abgeben

Sind diese Kinder faul, unmotiviert oder gelangweilt? Dr. Bruns beschreibt sie als unwillig, ihr Bestes zu geben. Sie unternehmen nur wenig eigene Anstrengungen, wenn sie überhaupt etwas tun. Mit einer Million von Gründen entschuldigen sie, ihre Hausaufgaben nicht gemacht zu haben, meiden schriftliche Arbeiten und »vergessen« ihre Hausarbeiten – immer und immer wieder. Lehrer werden frustriert und böse, Eltern beginnen, sich Sorgen zu machen. Den Kindern geht es schlecht, sie möchten einfach nur von jedermann in Ruhe gelassen werden. Was ist da los? Es scheint, als seien die meisten Kinder, die hinter ihren Möglichkeiten zurückbleiben, schon von klein auf abhängige Kinder. Ob von Natur aus oder durch Erziehung bedingt, es fällt ihnen schwer, selbstgenügsam zu werden. Ihre Weigerung, allein zu arbeiten, ihr ständiges Sichdrücken vor den Hausaufgaben, ihre »Vergesslichkeit«, wenn es um Hausarbeiten geht, sind indirekte Möglichkeiten, andere einschreiten zu lassen.

Wenn Ihr Kind arbeitsgehemmt ist, finden Sie sich unter Umständen in der Rolle des oder der Verhandelnden, Umschmeichelnden, Drohenden, Drängenden, Privilegien versagenden – ohne jeden Erfolg. Ihre Reaktion verschlimmert das Problem unter Umständen nur. Ihr Kind will wahrscheinlich lediglich, dass Sie während der Hausaufgaben bei ihm bleiben, und genau dies sollten Sie nicht tun! Es wäre besser für Sie selbst und den Lehrer Ihres Kindes, sich zusammenzutun und mehr Autonomie und Unabhängigkeit bei Ihrem Kind zu fördern. Erinnern Sie es daran, dass allein zu arbeiten ihm die Freiheit gibt, sein eigener Herr zu sein. Seine Vorstellungen bestimmen das Geschehen! Sein Wort gilt, wenn es allein arbeitet. Bieten Sie ihm Rollenvorbilder von Erfindern, denen die besten Ideen kamen, wenn sie allein arbeiteten. Erinnern Sie es daran, dass es sich zu seiner Familie und seinen Freunden gesellen kann, sobald seine eigene Arbeit abgeschlossen ist.

> **Achtung Stress!**
>
> Hummeln oder Knoten im Bauch
>
> Rascher Herzschlag
>
> Große Müdigkeit
>
> Schwindel/Benommenheit
>
> Übelkeit
>
> Erbrechen
>
> Feuchte Hände
>
> Zittrige Hände oder Knie

Stolz sein können auf Erfolge

Um Unabhängigkeit zu fördern, sollten Sie solch einem Kind mehr Unterstützung und Erziehung angedeihen lassen als anderen Kindern. Es ist vielleicht empfindlich gegen Kritik und fühlt sich ohnehin bereits schuldig, weil es hinter seinen Möglichkeiten zurückbleibt. Ihre Rolle als unterstützender Elternteil besteht darin, das Wertgefühl dieses Kindes zu stärken, es an seine Erfolge zu erinnern und kleine Wege zu finden, auf denen es ein Gefühl von Unabhängigkeit bekommen kann, etwa indem Sie ihm ein in kurzer Zeit zu bewältigendes Projekt oder eine Einzelaufgabe im Keller zuweisen, die ganz sicher zu einem Gefühl der Erfülltheit und des Erfolgs führt. Vermitteln Sie ihm dann reichlich positive Verstärkung.

Wenn Sie nicht sicher sind, ob Ihr Kind wirklich zu denen gehört, die hinter ihren Möglichkeiten zurückbleiben, wenden Sie sich an einen Schulpsychologen, oder bitten Sie einen Arzt, Ihr Kind auf neuromuskuläre oder kognitive Behinderungen hin zu untersuchen. Es kann sich beispielsweise um eine Aufmerksamkeitsstörung handeln. Und schließlich: Seien Sie geduldig. Wenn Sie meinem Rat bis hierher gefolgt sind, haben Sie Geduld bereits zu einer Kunstrichtung erhoben. Sie haben nichts falsch gemacht, solange Sie Ihr Kind nicht dahingehend konditioniert haben, zu erwarten und zu fordern, dass Sie ständig in seiner

Motorische Geschicklichkeit fördert das Selbstbewusstsein auch in anderen Bereichen.

Nähe sind. In diesem Fall sollten Sie die letzte Person sein, die es tadelt, wenn es sich darüber aufregt, dass Sie es im Stich lassen. Während Sie sich in Geduld zu üben versuchen, müssen Sie gleichzeitig standhaft dabei bleiben, dass Hausaufgaben und andere Vorhaben in seiner Verantwortung liegen. Sie werden ihm nur auf seine Bitte hin helfen. Der Lohn, können Sie ihm sagen, besteht in dem Gefühl, es geschafft zu haben, das es mit niemandem teilen muss. Auch dies gehört ihm.

Flucht in die Phantasie

Lügen kann ein Zeichen von Überforderung sein. Es kann auch Überforderung auslösen. Kinder glauben, Lügen würde ihnen helfen, Stress zu vermeiden. Wenn sie nicht zugeben, die Vase zerbrochen zu haben, so argumentieren sie, gäbe es auch keine stressige Bestrafung. Andererseits stehen sie aber der Angst gegenüber, beim Lügen ertappt zu werden. Hoffentlich beginnen sie zu erkennen, dass »die Wahrheit befreit«, bevor die Lüge sie einholt.

Die Fähigkeit zu lügen ist an sich nichts Schlechtes. Sie spielt in der Entwicklung eine Rolle. Experten sagen, die Fähigkeit zu lügen bedeute, den Unterschied zwischen Richtigem und Falschem zu kennen, sonst würde jemand nicht das Bedürfnis verspüren zu lügen. Lügen kann auch bedeuten, dass jemand eine blühende Phantasie hat – manche Kinder erfinden ganze Geschichten. Und manchmal ist lügen einfach höflich, wie etwa bei Gesellschaftslügen, die bewirken, dass sich jemand besser fühlt: »Haben Sie nicht ein wenig abgenommen, Frau Schmitt?«

Deshalb sollten Sie auch keine große Sache daraus machen, solange Ihr Kind nicht aufhört, den Bezug zur Realität zu verlieren, also z. B. nur mit seinem imaginären Freund kommuniziert anstatt Beziehungen zu anderen Kindern zu knüpfen. Sie können Ihr Kind gutmütig necken, aber nehmen Sie ihm den imaginären Freund nicht weg. Er ist in der Situation wichtig für die innere Sicherheit. Führen Sie Ihr Kind behutsam und mit Verständnis in die Realität zurück.

Lügen

Bevor wir unsere Kinder wegen einer Lüge zu tadeln beginnen, sollten wir zu verstehen suchen, warum sie es getan haben. Wie gesagt, Lügen kann oft ein Hinweis darauf sein, dass etwas anderes sie stresst. Es kann beispielsweise Unsicherheit oder eine vorübergehend geringe Selbstachtung widerspiegeln. Manche Kinder lügen, um in den Augen anderer besser dazustehen. Das schlechte Ergebnis ihrer Mathematikarbeit macht sie verlegen, und dann lügen sie bezüglich der Note. Sie sind eifersüchtig auf die guten finanziellen Verhältnisse einer Familie, und dann lügen sie bezüglich des Landhauses ihrer eigenen Familie (das es gar nicht gibt). Sie meinen, dass andere Kinder ihnen nicht genügend Aufmerksamkeit widmen, und dann erfinden sie Geschichten über Heldentaten, die sie gar nicht vollbracht haben.

Fehlende Selbstachtung?

Wenn Sie diese Art von Lügen und ihre Motive entdecken, sollte Ihre Aufgabe darin bestehen, Ihrem Kind zu verstehen zu geben, dass Lügen keine Lösung des Problems sind und dass es, das Kind, ganz in Ordnung ist, wie es ist. Bauen Sie bei anderer Gelegenheit seine Selbstachtung auf, indem Sie seine Bemühungen loben und dies verbal durch positive Verstärkung auch zum Ausdruck bringen.

Helfen Sie Ihrem Kind auf alle Fälle, zwischen Fakt und Fiktion zu unterscheiden. Kleine Kinder, vor allem solche mit viel Phantasie, erfinden Geschichten. Behandeln Sie sie als solche. Wenn ein Kind beispielsweise erzählt, es habe ein Pony, sollten Eltern sagen: »Was für eine schöne Geschichte. Wetten, dass du gerne ein Pony hättest? Ich fände es auch schön, wenn es so wäre.« Das ist sicher besser, als das Kind zu demütigen, indem man die Unwahrheit der Behauptung aufdeckt.

Stellen Sie fest, was die Fakten sind. Bisweilen erklären die Umstände, warum Ihr Kind gelogen hat. Oder es sagt vielleicht teilweise die Wahrheit, und dann möchten Sie es nicht fälschlich der Lüge bezichtigen.

Geben Sie Ihrem Kind zu verstehen, dass es nicht hart bestraft wird, wenn es die Vase zerbricht. Der wichtigste Grund, aus dem Kinder lügen, ist nämlich die Angst vor Strafe. Wenn Sie Ihrem Kind jedoch versichern können, dass ein »Geständnis« ihm nicht 40 Tage bei Wasser und Brot einbringt, sagt es wahrscheinlich eher die Wahrheit. Versuchen Sie, Ihr Kind seine Strafe selbst festsetzen zu lassen. Lassen Sie es Herr seines Schicksals sein. Es wird die logische Folge des Lügens verstehen, wenn es selbst die Person ist, die vorschlägt, wie ihm beigebracht werden sollte, zukünftig nicht zu lügen. Oft sind die Strafen der Kinder selbst schlimmer als alles, was Sie sich hätten einfallen lassen, und sie nehmen sich die Lektion viel rascher zu Herzen.

Lüge oder Wahrheit?

Werden Sie zum »Lügendetektor«. In vielen Fällen werden Sie Ihr Kind nicht dazu bewegen können, eine Lüge zuzugeben. Dann müssen Sie zu einem empathischen Sherlock Holmes werden. Achten Sie auf einen ausweichenden Blick, auf Murmeln und Stottern, auf zögerndes Beantworten von Fragen, die normalerweise keine Zeit zum Nachdenken erfordern, auf Übertreibungen wie »immer« oder »nie« und auf zustimmendes Nicken, während das Kind sich immer tiefer in die Lüge verstrickt. Wenn Sie die Lüge erst einmal entdecken, sagen Sie nicht drohend: »Du lügst!« Sondern Sie geben ihm eine Chance, jede Information, die es Ihnen gegeben hat, noch einmal zu berichtigen, indem Sie sagen: »Bist du sicher, dass es genau so passiert ist?« Bieten Sie ihm Fakten, die unter Umständen im Widerspruch zu seiner Version stehen. Das Ziel besteht nicht darin, es bei einer Lüge zu ertappen, sondern herauszubekommen, warum es gelogen hat, und an diese Ursache heranzugehen. Lügen ist lediglich ein Symptom für andere Dinge, die vor sich gehen.

Halten Sie Ihr eigenes Lügen unter Kontrolle. Wo lernen Kinder zu Lügen? Auch hier beginnt es vielleicht bei Ihnen selbst. Wenn Sie sich also selbst bei kleinen Lügen erwischen, können Sie sicher sein, dass Ihr Kind die Botschaft vermittelt bekommt, Lügen sei in gewissen Situationen in Ordnung. Es ist nur noch nicht erwachsen genug, um zu unterscheiden, wann es in Ordnung ist und wann nicht.

Wenn Sie nicht mehr weiterwissen
Manche Lügen sollten nicht toleriert werden. Eine Lüge auf Kosten anderer sollte sofort, nachdem Sie sie entdeckt haben, aufgearbeitet werden. Wenn Sie feststellen, dass Ihr Kind bei zu vielen Dingen lügt, kann dies ein Zeichen tiefer liegender Probleme sein. Sollten Sie es nicht schaffen, ihm den Unterschied zwischen richtig und falsch zu vermitteln, können Sie unter Umständen auch einen Kinderpsychologen aufsuchen.

Imaginäre Freunde

Oft machen Eltern sich Sorgen, wenn sie entdecken, dass ihr Kind einen imaginären Freund hat. Das sollten sie nicht. Imaginäre Freunde können zu den liebsten und wirkungsvollsten Strategien eines Kindes im Umgang mit Ängsten gehören. Statt es zu entmutigen, machen Sie sich lieber Notizen!
Kinder erfinden imaginäre Freunde aus vielerlei Gründen und oft als Reaktion auf Überforderungen. Ein Kind, das zum ersten Mal in eine neue Kindertagesstätte geht, schafft sich unter Umständen einen ganzen Park imaginärer Spielgefährten, die es durch eine anstrengende Zeit bringen. Ein älteres Kind schafft sich vielleicht einen Freund, mit dem es lange Zwiegespräche führt, um sich intellektuell zu fordern oder als Begleitung auf langer und einsamer Fahrt.
Ein unsichtbarer Freund kann einem Kind helfen, Impulse zu kontrollieren, von denen es weiß, dass sie inakzeptabel sind. Es wird ihn z. B. für schlechtes Verhalten tadeln.

Ohne Geschwister, aber mit einem Freund
Der Psychologe Jerome Singer fand heraus, dass imaginäre Gefährten unter Erstgeborenen häufiger vorkommen, vielleicht, um Einsamkeit abwehren zu helfen. Er stellte auch fest, dass Kinder, die sich auf diese Weise Freunde schaffen, über mehr Phantasie verfügten als andere. Auch kamen sie besser mit anderen Kindern zurecht, waren glücklicher und hatten einen größeren Wortschatz!

Ihr Kind hat vielleicht einen imaginären Freund, von dem Sie nicht einmal wissen. Dr. Singer stellte fest, dass 55 Prozent der Eltern, die er befragte, sagten, ihr Kind habe einen imaginären Spielgefährten, während es in Wirklichkeit bei 65 Prozent der Kinder dieser Eltern der Fall war.

Lassen Sie sich nicht manipulieren
Wenn Ihr Kind einen imaginären Freund hat, lassen Sie sich nicht manipulieren. Weigert sich Ihr Kind, seinen Spinat zu essen, weil er seinen »Freund« krank macht, dann wissen Sie, dass Sie manipuliert werden. Ihr Kind nutzt unter Umständen den imaginären Freund dazu, die Grenzen des Möglichen zu testen. Stellen Sie dieselben Regeln für den imaginären Freund auf, die auch für Ihr Kind gelten.
Warten Sie ab, und er wird verschwinden. Nach und nach wird Ihr Kind den imaginären Freund ziehen lassen. Oft geschieht dies, wenn echte Freunde auftreten oder wenn Ihr Kind mit gewissen Situationen allein zurechtzukommen meint.

Nachwort

Wir können nicht das 24-Stunden-Stressabbau- und Präventionssystem unserer Kinder sein. Aufregungen sind ein Teil des Lebens. Statt uns zu bemühen, sie davor abzuschirmen, sollten wir lieber dafür zu sorgen versuchen, dass der Stress kindgerecht ist. Auf diese Weise können Kinder sich schon frühzeitig in Stressbewältigungsstrategien üben, statt davon überwältigt zu werden. Das Üben macht sie vielleicht nicht perfekt, aber ein kontinuierliches Üben dient den Kindern bis weit ins Erwachsenenalter hinein.
Abgesehen davon weiß ich, dass das Wohlbefinden Ihrer Kinder für Sie von äußerster Wichtigkeit ist. Ich weiß, dass die Sorgen Ihrer Kinder auch Sie in Sorge versetzen! Indem Sie sehen, wie Ihre Kinder zurechtkommen, wird auch einer Ihrer bedeutendsten Stressfaktoren kleiner.

Ein letzter Gedanke. Ihren Kindern beim Lernen im Umgang mit Stress zu helfen kann eine der am tiefsten befriedigenden, freudvollsten und faszinierendsten oder aber zu einer der frustrierendsten, entnervendsten und erschöpfendsten Erfahrungen im Leben werden. Es hängt so viel von Ihrer Sichtweise ab. Es liegt natürlich an uns, welchen Standpunkt wir einnehmen. Nicht ohne Grund empfehle ich, die positive Sichtweise zu wählen, wenn es um Herausforderungen geht – eine Sichtweise, die dann auch unsere Kinder übernehmen werden.
Frohe Elternschaft!

Danksagung

Dieses Buch ist nicht nur meines, sondern auch das von Hunderten von Kindern, die an der Umfrage »Stress bei Kindern« teilnahmen. Sie schrieben über ihre Sorgen, Ängste und Phantasien, und ihre Worte füllen und inspirieren die Seiten des Buches. Sie lehrten mich eine Menge über Belastungen in der Kindheit und erinnerten mich daran, wie viel von meiner eigenen Kindheit ich schon vergessen hatte.
Dieses Buch ist auch das meiner Kollegen vom »The Stress Program« am Mount Sinai Medical Center in New York.
Ferner danke ich
> Dem stellvertretenden Vorstand von Mount Sinai, Dr. Gary Rosenberg, für alle Ermutigung und Unterstützung
> Meiner Freundin und Agentin Marcy Posner von der William Morris Agency für ihre Loyalität
> Perry Garfinkel für seine Anregungen, Fragen, Ideen und redaktionellen Fertigkeiten
> Judge Milton Mollen für seine Worte und seine Weisheit
> Meiner phantastischen Familie Roy, Carrie, Nikki, Scott, Josh, Jenny, Milton, Carol, Connie, Robert, Chuck und Mary
> Meiner lieben Tochter Kimberly und meinem neuen Sohn Travis und – wie immer
> Meiner Mutter, Dr. Mildred Witkin, für ihre Klugheit!

Die Autorin

Georgia Witkin – Mutter einer Tochter – ist Professorin für Psychologie an der berühmten Mount-Sinai-School of Medicine in New York, wo sie ein umfangreiches Programm für Stressforschung leitet. Ihre populärwissenschaftlichen Vorträge, die über Fernsehen und Printmedien Millionen Hörer und Leser erreichen, sind beim amerikanischen Publikum außerordentlich beliebt.

Bildnachweis

Gettyone Stone, München: 8 (Pascal Crapet), 31 (Betsi Van der Meer), 75 (Laurence Monneret), 78 (Donna Day), 122 (Penny Tweedie), 147 (Klaus Lahnstein), 156 (Robert E Daemmrich); Interfoto, München: 65 (N.N.); Premium, Düsseldorf: 60 (Stock Image); Zefa, Düsseldorf: U1, 176 (H. Benser), 12, 135, 162, 182 (Masterfile), 16 (Lassen), 34, 90, 140 (Peisl), 38, 46, 68, 84, 95, 114, 128, 148, 168, 173 (G. Baden), 52 (Oleary), 59 (Pinto), 105 (A. Inden), 108 (Möllenberg), 131 (Kohlhas), 138 (Lange)

Quellennachweis für die Zitate der Eingangsseiten

Ron Kurtz/Hector Prestera: Botschaften des Körpers. München. Kösel Verlag 9. A. 2001, S.13. Hurrelmann/Rixius/Schirp u. a.: Gewalt in der Schule. Weinheim und Basel. Beltz Verlag 1999, S.11

Hinweis zum Aussagegehalt der Grafiken

Die in den Grafiken aufgeführten Zahlen sind gerade in den Fällen, wo die Wahrscheinlichkeit hoher Dunkelziffern gegeben ist, Annäherungswerte und sollen Tendenzen aufzeigen.

Hinweis

Das vorliegende Buch ist sorgfältig erarbeitet worden. Dennoch erfolgen alle Angaben ohne Gewähr. Weder Autor noch Verlag können für eventuelle Fehler oder Schäden, die aus den im Buch gegebenen praktischen Hinweisen resultieren, eine Haftung übernehmen.

Impressum

Der Südwest Verlag ist ein Unternehmen der Econ Ullstein List Verlag GmbH & Co. KG München. © 2001 Econ Ullstein List Verlag GmbH & Co. KG München

Redaktion:	Michaela Breit
Bildredaktion:	Tanja Nerger
Umschlagkonzeption:	Lohmüller Werbeagentur
Umschlag:	Jan-Dirk Hansen/ Marcus Nerger
Konzept/Layout:	Michaela Breit/Wolfgang Luttmann
DTP/Satz:	MAC 2, München
Produktion:	Manfred Metzger (Leitung), Annette Aatz
	Monika Köhler
Druck und Bindung:	Westermann Druck Zwickau GmbH

Printed in Germany   Gedruckt auf chlor- und säurearmem Papier
ISBN 3-517-06461-0